QUE S

Esthétique du cinéma

GÉRARD BETTON

Professeur de mathématiques
Membre de la Société des écrivains scientifiques de France
Sociétaire de la Société des gens de lettres
Vice-président de l'Association pour le Développement de la Recherche scientifique

Quatrième édition corrigée

23e mille

DU MÊME AUTEUR

AUX PRESSES UNIVERSITAIRES DE FRANCE

La photographie scientifique, coll. « Que sais-je ? », n° 1608 (2e éd.).
La photomacrographie, coll. « Que sais-je ? », n° 1662 (2e éd.).
Développement et tirage noir et blanc, coll. « Que sais-je ? », n° 1685 (2e éd.).
Développement et tirage couleur, coll. « Que sais-je ? », n° 1716 (2e éd.).
La chasse photographique, coll. « Que sais-je ? », n° 1917.
Le cinéma d'amateur, coll. « Que sais-je ? », n° 1838.
La photomicrographie, coll. « Que sais-je ? », n° 2193.
Effets photographiques spéciaux, coll. « Que sais-je ? », n° 2279 (ouvrage enregistré en banque de données pour les Sciences de la Créativité [Kreatek, Université d'Oslo, Norvège]).
Histoire du cinéma, **coll. « Que sais-je », n° 81 (3e éd.) (ouvrage traduit en portugais [Ed. Europa-America, Portugal], en coréen [Ed. Tangu Dang à Séoul] et en turc [Ed. Iletisim Yayinlari à Istambul]).**
Esthétique du cinéma **est traduit en portugais (Ed. Martins Fontes, Brésil), et en chinois (Ed. Yuan-Liou, Taiwan).**

CHEZ D'AUTRES ÉDITEURS

Photomicrographie, photographie au microscope (préface de P. MANIGAULT, professeur honoraire de l'Institut Pasteur), Ed. de Francia.
Audio-visuel, moyens, arts et techniques, Ed. de Francia.
Eléments pratiques de photographie, Ed. de Francia.
Encyclopédie du savoir moderne : l'audiovisuel (ouvrage collectif), Ed. Retz, Centre d'Etude et de Promotion de la Lecture (2e éd.).
Le Journal de l'Année (12e vol.) (ouvrage collectif), Ed. Larousse.

ISBN 2 13 042941 6

Dépôt légal — 1re édition : 1983
4e édition corrigée : 1994, novembre

108, boulevard Saint-Germain, 75006 Paris

INTRODUCTION

« Réaliser un film, c'est peindre un tableau et composer une symphonie. »

André DELVAUX.

« Le silence est ma plus belle couleur. »

MIOU-MIOU.

« La magie essentielle qu'exerce le cinéma tient en ceci que le donné réel devient l'élément même de sa propre fabulation. »

Christian METZ.

Le cinéma est avant tout un art, un spectacle artistique. Il est aussi un langage esthétique, poétique ou musical — avec une syntaxe et un style — une écriture figurative et aussi une lecture, un moyen de communiquer des pensées, de véhiculer des idées, d'exprimer des sentiments. C'est un moyen d'expression aussi large que les autres formes de langage (littérature, théâtre, etc.) très élaboré et bien spécifique. Ecrire un film, c'est organiser une série d'éléments spectaculaires en vue de restituer une vision esthétique, objective, subjective ou poétique du monde. Le cinéaste nous donne une vision personnelle, insolite, magique du monde, avec des choses et non avec des mots, dans un langage qui reste à déchiffrer. Une parfaite maîtrise du langage cinématographique est nécessaire — la forme et le contenu sont étroitement liés — mais ne suffit pas à faire œuvre d'art. L'existence artistique, l'âme d'un chef-d'œuvre semblent découler du savoir-faire mais aussi et surtout de l'art de choisir des images en fonction de leur signification et de leur valeur rythmique. A côté de ses formes traditionnelles qui demeurent et resteront probablement toujours utilisées, le langage cinématographique a bien évolué. Car il est évident que l'écriture n'est pas la même selon que l'on cherche à « illustrer » ou à raconter, ou, au contraire, à exprimer ; à suggérer et non à imposer ; à présenter un monde qui s'organise en récit plutôt qu'à représenter.

CHAPITRE PREMIER

LES ATTITUDES ESTHÉTIQUES. DIFFÉRENTES FAÇONS DE REPRÉSENTATION DE LA PAROLE OU DE LA PENSÉE

I. — Préparation rigoureuse ou improvisation

Selon la conception que le metteur en scène a de son film et de la création cinématographique, le découpage — dernière étape littéraire de la préparation du film — peut être extrêmement précis et détaillé (« découpage de fer ») (tous les films de Fritz Lang, d'Hitchcock ou de Kurosawa, par exemple, sont issus d'un long travail préparatoire) ou, à l'opposé, très souple, laissant une large place à l'improvisation du moment, donc à des possibilités éventuelles de modifications en cours de tournage. A propos de son film *Verdict*, André Cayatte écrit : « Dès que j'ai eu l'accord de Gabin et de Sophia Loren, j'ai raboté l'écriture, creusé exprès des vides pour qu'ils puissent les remplir. On n'enferme pas dans un moule des comédiens de leur épaisseur. Avec leur légende et leur passé, il faut leur laisser le champ libre, leur donner la possibilité de faire éclater leur personnalité. » Et il ajoute :

« Tous deux m'ont épaté, je l'avoue. Sophia, chez qui la femme est au niveau de la comédienne, avec sa fascination, son rayonnement. Gabin — que j'avais envie de faire tourner depuis que j'avais écrit, pour lui, en 1939, l'adaptation de *Remorques* — avec son obsession de la perfection. On a beaucoup parlé de son caractère difficile. En fait, c'était un inquiet qui se voulait jusqu'au bout un professionnel et qui avait conservé le trac d'un débutant au moment de jouer ses scènes. Tels deux fauves dans l'arène, ils se sont jaugés, admirés, intimidés et ils se sont surpassés » (1).

« J'ai porté mon film *(Malou)* cinq ans dans ma tête, déclare de son côté Jeanine Meerapfel. Je voulais Ingrid Caven pour le rôle principal de la mère. [...] Elle m'a fait confiance. Nous avons parlé trois mois avant le tournage, puis je ne lui ai plus rien dit quand on a commencé à tourner. Gruscha Huber, qui joue Hannah sa fille, exigeait qu'on travaille avec elle avant même de tourner, trois heures d'affilée, elle a besoin de sortir ses émotions, comme du fond de la terre. Ingrid est bien plus comédienne. Tout en évitant le sentimentalisme *cheap,* elle sait exactement la qualité d'émotion qu'elle veut donner et ce qu'elle doit retenir. Elle fait ça de façon magique [...]. J'ai étudié — déclare encore Jeanine Meerapfel — le cinéma chez Alexandre Kluge, à Ulm. J'ai appris à m'intéresser à tout ce qui touche au film : le son, la lumière. Je peux tenir moi-même une caméra à la main. Mais, dans mon travail de tournage, j'ai horreur de l'autoritarisme. Il faut laisser le maximum de liberté au récit, aux comédiens, conter son histoire avec des coupures, des ruptures, qui permettent au spectateur de se raconter, s'il le désire » (2).

L'improvisation est commandée par le genre de film, la structure du thème traité, la conception du metteur en scène, la personnalité du comédien, lequel fait parfois œuvre de créateur et peut alors être considéré comme un véritable auteur. Nous ne pouvons que souscrire aux idées des réalisateurs qui estiment qu'un scénario est une matière vivante, une pâte malléable portant un film en puissance, mais dont on peut faire jaillir autre chose et davantage (quelquefois hélas ! moins) que ce qui avait été couché sur le papier. Et que les images ne sont que des prétextes dont il ne faut pas être prisonniers. On note aussi qu'au cinéma — comme au théâtre (dans la commedia dell'arte, les pièces de Copeau, d'Evreinov, de Reinhards, de Fabbri, de Vitaly, comme celles

(1) Marc LAMBERT (Enquête Irène Dervize), *Télé 7 jours,* 1er juin 1981, p. 57.
(2) *Le Monde,* 28 mai 1981, p. 22.

d'Antonin Artaud) — l'acteur ne peut découvrir les chemins de sa vraie liberté que lorsqu'il est devenu un « athlète affectif » ayant réussi à joindre à des talents exceptionnels innés de comédien, la maîtrise totale de son physique, de ses impulsions et de ses passions, par la rigueur de son travail : au bout du compte, l'improvisation « créatrice » doit être soigneusement préparée ; improviser, c'est exprimer du talent et quintessencier des efforts.

II. — Le réalisme cinématographique

Pour le sens commun, la perception s'identifie à l'objet. La meilleure preuve de l'existence des objets n'est-elle pas de les voir, de les sentir, de les toucher ? Cette attitude, Bergson, au début de *Matière et Mémoire,* (3) la décrit ainsi : « J'appelle matière l'ensemble des images. » Pour les philosophes de l'Antiquité, les « physiciens » — on les nommait ainsi —, le poids, la couleur, la chaleur, etc., existaient comme tels et appartenaient aux choses elles-mêmes. Pourtant, il y a vingt-trois siècles, Démocrite pensait que toute connaissance venait des sensations, mais pouvait s'élever au-dessus d'elles par la raison. Et le précurseur de la théorie atomique écrivait : « Le doux et l'amer, le froid et le chaud, les couleurs, toutes ces choses n'existent que dans notre jugement et non dans la réalité. Ce qui existe, ce sont les particules immuables, les atomes et leur mouvement dans l'espace vide. »

Il a fallu attendre très longtemps, et ce n'est qu'avec Platon que l'on a commencé à s'interroger sur la nature de nos connaissances du monde extérieur. Pour le grand philosophe grec, les idées de l'esprit existent en soi, dans un « monde intelligible » dont le monde sensible n'est qu'un reflet imparfait ; d'où la quasi-impossibilité de se fier aux organes des sens pour prendre connaissance du monde extérieur. Cependant, on reviendra très vite au réalisme des objets, du monde sensible, et Aristote critique ainsi son maître : « même si nous n'avions jamais vu les astres, ils n'en seraient pas moins des substances éternelles, distinctes de celles que nous connaissons ». En l'accentuant, le point de vue d'Aristote sera repris par la Scolastique médiévale. Avec l'avènement de la science expérimentale, l'intuition sensible et l'expérience resteront la base de nos connaissances. Toutefois, le réalisme vulgaire se heurte à un grand nombre d'objections, qui apparaissent aujourd'hui bien

(3) Henri BERGSON, *Matière et Mémoire,* Ed. PUF, coll. « Quadrige », n° 29, 1990.

évidentes : ainsi, pendant les rêves, nous ne doutons pas de ce que nous voyons, de ce que nous entendons, de ce que nous touchons, et cependant toutes ces sensations ne correspondent nullement à la réalité (c'est une réalité « construite »). La connaissance que nous avons des objets extérieurs paraît donc étroitement liée aux modifications de notre conscience. Nous ne pouvons prendre conscience directe du monde qui nous entoure sans interprétation, sans jugement. La perception sensible résulte essentiellement d'une construction de l'esprit. Notre cerveau, enrichi par des expériences antérieures, surajoute aux données de nos sens une quantité de propriétés. On sait par ailleurs que le physicien définit les sons, la lumière, les couleurs, comme des énergies émises sous forme de rayonnements de diverses fréquences ; or, ces notions existent seulement dans notre esprit et non dans la réalité extérieure. En outre, nous n'ignorons plus que nous pouvons être très facilement dupés par nos organes des sens (illusions d'optique, illusions sonores, etc.) (4). Il apparaît que la réalité est non seulement complexe, dans son infinie variété, son infinie diversité, mais qu'en outre elle est mouvante. Dès lors peut-on la saisir ? Différentes théories se sont affrontées et s'affrontent encore (5). Les formulations insuffisantes de ces doctrines font, assez souvent, que les contradictions ne sont qu'apparentes. Et il semble qu'ici comme ailleurs tout ait été dit mais que rien n'ait été compris. Il est clair qu'une partie de nos connaissances viennent de nos sensations et que, celles-ci étant variables selon les individus, ces connaissances ne puissent être que relatives et transitoires (relativisme). De plus il est prouvé « qu'à un certain niveau de pénétration, le réel, la matière, tout en demeurant connaissables certes, ou probablement connaissables, cesse de ressembler à ce que nos sens, nos facultés percevantes nous permettent d'en connaître ? La cellule n'est plus la chair amoureuse, la constellation des électrons de l'atome n'est plus la matière, l'inscription spectrographique n'est plus la lumière, chair, matière et lumière dont nous avons fait notre expérience, notre spiritualité, notre vie » (6). Outre l'expérimentation technico-scientifique élargissant nos facultés sensorielles ou compensant

(4) Ainsi chacun sait qu'une étoile apparaît encore alors qu'elle a disparu. En toute rigueur on ne voit jamais que le passé et non ce qui est réellement : la nébuleuse d'Orion, par exemple, nous renseigne sur ce qu'elle était il y a mille cinq cents ans. Le Space Telescope (Télescope envoyé en orbite dans l'espace) ne permet pas de « remonter le temps » comme certains l'ont dit, mais de « voir » les premiers instants de l'Univers.

(5) Existe-t-il une réalité indépendante, mais qui nous est accessible ? (Question posée à travers le principe de non-séparabilité.) Le lecteur intéressé par le problème du réel, notamment sur le plan philosophique, pourra se reporter au livre de Bernard d'ESPAGNAT, *A la recherche du réel*, Ed. Gauthier-Villars, 1981.

(6) Barthélemy AMENGUAL, *Clés pour le cinéma*, Ed. Seghers, p. 54.

leurs déficiences, restent pour saisir l'au-delà du réalisme l'imagination, l'intuition (intuitionnisme) permettant de sentir, de pressentir, de deviner, mais là encore la théorie husserlienne a montré que la représentation intuitive avait des limites. Il semble que nous ne puissions connaître les choses « absolument » c'est-à-dire « telles qu'elles sont en elles-mêmes », que nous ne connaissions que les apparences, les phénomènes, mais jamais les « choses en soi », que nous ne puissions connaître le tout de rien ni les premiers principes des choses, que ce soit la matière, l'esprit, le temps, l'espace, la force, etc. Cette idée de l'inconnaissable, on la retrouve en science dans les principes d'incertitude et l'interprétation probaliste de la mécanique ondulatoire. Cette impossibilité de saisir le réel dans sa globalité et dans tous les instants n'exclut évidemment nullement la possibilité que des formes et des vérités logico-mathématiques existent en dehors de nous et puissent être découvertes et non créées de toutes pièces par les savants. A noter que certains systèmes philosophiques admettent que le réel, par-delà sa multiple diversité, est foncièrement un : le taoïste, par exemple, peut s'échapper, par la réflexion, la contemplation, puis l'extase, du monde illusoire, et atteindre à la réalité suprême, le Tao, la « Voie », en quoi toutes les contradictions apparentes se résorbent (synthèse du *yin* et du *yang*, du positif et du négatif, du vrai et du faux, etc.). Les scientifiques modernes n'ont pas la prétention d'atteindre à la réalité première, mais, plus « ouverts » ils ne récusent *a priori* aucune vue de l'esprit (ils n'ignorent plus que les deux moitiés de notre cerveau jouent des rôles également importants, bien que différents et complémentaires : nous raisonnons, percevons l'espace et les formes, tout en exerçant notre pensée intuitive) (7). Comme l'a écrit André Breton « à un rationnalisme ouvert qui définit la position actuelle des savants (par suite de la conception de la géométrie non euclidienne, puis de la géométrie généralisée, de la mécanique non newtonienne, de la physique non maxwellienne, etc.) ne pouvait manquer de correspondre un réalisme ouvert ou surréalisme qui entraîne la ruine de l'édifice cartésien-kantien et bouleverse de fond en comble la sensibilité ».

« L'artiste et le savant, par des voies différentes et même opposées, finissent par se rejoindre dans une conception renouvelée et élargie du réel où entre « tout ce qu'il peut contenir d'irrationnel *jusqu'à nouvel* ordre » (8).

Dès les débuts du cinéma, on a recherché une reproduction de plus en plus fidèle et complète de la

(7) La latérisation des fonctions cérébrales est complexe : ainsi, on a montré récemment que le cerveau d'un Occidental n'est pas le même que celui d'un Japonais.

(8) Propos d'André Breton recueillis par Yvonne Duplessis, *Le Surréalisme*, « Que sais-je ? », n° 432, p. 25, 1991.

réalité : décors donnant une image exacte de la nature, avec de nombreux détails de l'existence quotidienne, sonorisation et langage de la vie courante, puis la couleur, le relief (9), l'élargissement des dimensions de l'écran, usage fréquent du plan-séquence, de la profondeur de champ, respect de la durée réelle de l'événement (10). Certes, l'image filmique suscite chez le spectateur un sentiment de réalité, car elle est douée de toutes les apparences de la réalité. Mais ce qui apparaît sur l'écran ce n'est pas la réalité suprême, fonction d'innombrables facteurs à la fois objectifs et subjectifs, imbrication d'actions et d'interactions à la fois d'ordre physique (intégration de paramètres « sensoriels », et, notamment, du continuum espace-temps) et d'ordre psychique (avec tous les sentiments et réflexes personnels) ; mais un simple aspect (relatif et transitoire) de la réalité, une réalité esthétique résultant de la vision éminemment subjective et personnelle du réalisateur. Il est remarquable qu'à ce réalisme perçu — celui de la vie quotidienne avec sa beauté, mais aussi sa laideur et ses vulgarités — puissent se mêler étroitement et avec une si grande fécondité la féerie, le rêve, le fantastique, la poésie. Ce mariage entre le réalisme et le rêve où le fantastique se retrouve chez tous les grands artistes et les grands écrivains (esthétismes de Poe, de Gogol...), l'homme étant également capable d'imiter, de reproduire les formes de l'univers, ou d'inventer. La poésie a le privilège de nous faire saisir des aspects cachés de la réalité « immédiate », en tout cas de « nous donner l'impression qu'il y a quelque chose

(9) « Le cinéma en trois dimensions vient de naître », de J. GIRARDON, *Science et Avenir*, n° 455, p. 68 et sq.

(10) Grâce au développement de l'électrophysiologie, de la chimie et de la bionique, on espère transmettre — dans un avenir probablement lointain certes — tout ce qui concerne les autres sens que ceux de la vue et de l'ouïe : les odeurs, les parfums, le goût, les sensations tactiles (cf. du même auteur, *ACOPSIS*, n° 11, p. 23, et « Epcot : au pays des merveilles de la science », de J. GIRARDON, *Science et Avenir*, n° 430, p. 40 et sq.).

derrière ». « Si vous fournissez un simple duplicatum de la réalité, il y a peu de chance que l'art y trouve son compte. En cinéma comme ailleurs, l'antimonie entre le réel et le rêve, entre la réalité et la vérité, est la source inépuisable de toute création artistique [...]. Qu'une aquarelle puisse dénaturer la réalité au point de nous faire admirer ce qui, dans la nature, n'est qu'objet d'indifférence, voire de dégoût, c'est le paradoxe de l'art réaliste, en fait le mystère de l'art tout court » (11).

Il apparaît donc que le concept de réalisme a un sens très large et vague. Comme le souligne Roger Boussinot : « il y a autant de réalismes que de méthodes de connaissance : réalisme dialectique platonicien, réalisme cartésien, réalismes hégélien, marxiste, naturaliste, impressionniste, expressionniste, réalisme surréaliste, réalisme onirique ou freudien, réalisme technologique, etc. » Et à la limite, on peut dire que tout film — comme toute œuvre d'art en général — est réaliste. Ainsi dans *La Rue sans joie*, de Pabst, le réalisme est mêlé à des relents d'expressionnisme ; dans *Miracle à Milan*, de Vittorio de Sica, on trouve un mélange de réalisme et de fantastique social... Et jusqu'à l'idéalisme, qui s'oppose et se mêle tout à la fois au réalisme : « Toute œuvre d'art est toujours l'expression d'un idéal, disait Delacroix : mais pour un artiste réaliste, cet idéal naît presque immédiatement au contact du réel. ». Le réalisme n'est finalement qu'une tendance contre des tendances irréalistes : une réaction contre la préciosité, le burlesque, l'expressionnisme, le romantisme, etc. On parle de « réalisme poétique » de Marcel Carné *(Le jour se lève, Hôtel du Nord...)* ou d'André Cayatte *(Les Amants de Vérone)*, du « réalisme intimiste » de Paul Fejos *(Big House)*, des films de Vittorio de Sica

(11) Jean DOMARCHI, *Les Cahiers du Cinéma*.

inspirés des préoccupations sociales de l'époque *(Umberto D, Le Voleur de bicyclette...)*, du « réalisme intuitif et d'improvisation » de Renzo Rossellini, du « réalisme naturaliste » de Ralph Nelson *(Soldat bleu)* ou de Max Ophüls (avec la violence et la cruauté de certaines situations) (Ophüls est souvent influencé par Maupassant, Flaubert, Tourgueniev, en quête de l' « humble vérité »), du réalisme et de l'imaginaire qui s'affrontent dans certains films de Resnais (dans *Providence*, par exemple). Mais tous les metteurs en scène, de par leur personnalité, et dans chacune de leurs œuvres, nous offrent un aspect toujours différent de réalisme. Celui de René Clément (*Gervaise*, drame adapté de Zola, *Au-delà des grilles...*) diffère plus ou moins du réalisme de Grémillon, de Duvivier, de John Ford *(Les Raisins de la colère)*, de Dino Risi *(Parfum de femme)*, du cinéaste indien Satyajit Ray *(L'Intermédiaire)*, ou encore du réalisme de Rossellini, Fellini, Francisco Rosi, Visconti, Antonioni, Jules Dassin, Joseph Losey, Robert Rossen, Elia Kazan, John Huston...

Le réalisme psychologique classique se manifeste chez Griffith, Cecil B. De Mille, Chaplin *(L'Opinion publique)*, à la même époque, vers 1925, dans le *Kammerspiel* (avec Carl Mayer, Lupu Pick, Henrik Galeen et Murnau), dans le cinéma soviétique, notamment chez Poudovkine *(La Mère)*, plus tard chez Becker *(Edouard et Caroline)* et Bresson *(Le Journal d'un curé de campagne)*. Il se définit comme une « réalité moyenne », courante, banale, en tout cas vraisemblable, aisément accessible sur le plan psychologique. Ce classicisme exclut l'exceptionnel, l'irrationnel, l'expression désagréable, la vulgarité, et, de ce fait, impose des limites à l'artiste.

Le réalisme poétique (réaction antiromantique) des années 30, proche par certains côtés du mouvement impressionniste français des années 20, affirme que la poésie est une théorie de la connaissance. Elle s'intéresse avec une impassibilité objective aux phénomènes généraux, non individuels, aux divers aspects de la réalité historique : extérieure, sociale et psychologique, l'homme cessant d'être considéré comme le centre de l'univers. Le réalisme poétique caractérise notamment les œuvres de Jean Renoir (de 1935 à 1939) et du tandem Marcel Carné-Jacques Prévert *(Quai des Brumes)*, mais aussi de Robert Flaherty *(The Man of aran)*, Jacques Feyder (adaptation de *Thérèse Raquin* de Zola, *La Kermesse héroïque*...). Le réalisme social se fonde sur l'objectivité, la description exacte des milieux populaires, des événements sociaux, la reproduction de la réalité dans tous ses aspects, même les plus vulgaires. Il se rattache au naturalisme et au vérisme. Et trouve donc ses inspirations dans les idées et les romans de Zola, Balzac, Flaubert, Taine, des Goncourt, du « groupe de Médan » (dont Maupassant)... de G. Verga et autres (du vérisme italien : adaptation du naturalisme français au climat italien). Ce type de réalisme se rencontre déjà au temps du muet, en particulier dans l'école italienne (notamment chez Martoglio) et l'école soviétique (chez Eisenstein, Poudovkine, Dovjenko...), et aussi chez Griffith *(Intolérance)*, Pabst *(La Rue sans joie)*, en France chez Carné, Duvivier, etc.

Le réalisme psychologique moderne (réalisme existentialiste) fait ressortir l'ambiguïté du réel : chaque spectateur — devant un monde qui lui est présenté — doit interpréter la réalité, selon sa sensibilité propre, l'ambiguïté étant montrée, mais non dégagée, exprimée clairement. Le metteur en scène nous permet de regarder le réel et nous laisse le soin de l'interpréter. Il peut aussi nous le montrer sous différentes facettes, par les yeux de plusieurs personnages. Le thème essentiel des philosophies existentialistes repose sur la liberté absolue : nous créons notre destin par notre volonté libre et par notre action.

III. — Les idéalismes

De même qu'il existe une grande diversité de réalismes, de même il existe différents idéalismes : idéalismes rationalistes (cartésien, leibnizien, kantien, etc.), idéalismes empiristes (de Locke, de Berkeley...), idéalismes dialectiques (idéalisme subjectif fichtéen, ou objectif de Hegel, ou synthétique de Hamelin...), idéalisme critique et réflexif de Léon Brunschvicg, idéalismes anglo-saxons (de Bradley, de Josiah Royce...).

Finalement, on remarque qu'il n'est pas toujours facile de distinguer l'idéalisme du réalisme : les deux se mêlent et s'opposent tout à la fois et la distance qui les sépare tend à diminuer, surtout dans les doctrines contemporaines du réalisme (bergsonisme, phénoménologie, notamment la théorie de Husserl, existentialisme...) et dans l'idéalisme moderne (néo-kantisme, hégélianisme, empirocriticisme, instrumentalisme, conventionnalisme, critique des sciences, etc.).

L'idéalisme se caractérise par le choix des sujets fantastiques et par le goût du morbide ou du macabre, par les sentiments poussés au paroxysme : il y a transfiguration de la réalité. Cette transmutation du réel en des images reflétant la sensibilité, la personnalité ou les intentions délibérées de l'auteur, on la retrouve à divers degrés dans tous les films — et cette réorganisation du réel est également, dans une très large mesure, le fruit de l'imagination créatrice du spectateur (cf. chap. IV). Ainsi, la conception idéalisée des protagonistes a inspiré bien des westerns. De même, l'évasion dans l'exotisme ou le passé, la recherche de l'émotion plutôt que de l'idée claire, l'appel pressant à l'imagination du spectateur, la libre expression de la sensibilité (mélancolie ou optimisme, sentiment de la nature), l'individualisme (descriptions d'aventures ou de confessions particulières), etc., tous ces caractères généraux du romantisme se mêlent plus ou moins à bien des films dits « réalistes ». La transfiguration volontaire de la réalité se manifeste en particulier dans de multiples œuvres faisant appel au rêve, au fantastique, au surnaturel : films de l'école expressionniste allemande, certains films de Carné *(Juliette ou la Clé des songes)*, de Clair *(Les Belles de nuit)*, de Fritz Lang *(Les Nibelungen)*, Cocteau *(Orphée, L'Eternel Retour, La Belle et la Bête)*, d'Hitchcock (dans toutes ses œuvres, sauf peut-être dans *La Loi du silence*, l'imagination a plus d'importance que la logique)...

L'idéalisme symboliste cherche par tous les moyens du symbolisme à révéler la réalité cachée, et, dans toute la possible mesure, des aspects différents d'une personne humaine, d'une forme en général. La combinaison de ces aspects, découlant d'une lecture différente de l'image, donne une clef pour l'interprétation : on accède ainsi à plus de « vérités » différentes, aucune d'ailleurs n'étant plus vraie que l'autre.

« L'expressionniste ne voit plus, il a des visions » ; il nous impose fortement sa sensibilité dans la représentation du monde extérieur et se détache ainsi de la simple vision empirique des objets. A cet effet, pour faire intervenir un facteur mental et faire entrer en jeu la notion de temps, l'artiste expressionniste (voir chap. II, p. 54-71) a recours essentiellement à la stylisation du décor, aux effets d'éclairage et au jeu des acteurs. Il y a déformation volontaire du monde (comme dans la vision surréaliste, cubiste (12) ou dans l'art abstrait en général) et aussi déformation du comportement humain. *Caligari*, de Robert Wiene, *Nosferatu*, de Murnau, et *Metropolis*, de Fritz Lang, sont les films les plus caractéristiques de l'école expressionniste, mais de nombreux films, par le choix de sujets fantastiques et par une inspiration souvent morbide, sont teintés d'expressionnisme : c'est le cas, par exemple, du drame logique de Dino Risi, *Ames perdues* (1976).

Le mouvement surréaliste a essentiellement recours au rêve, à la suggestion du mystère de l'inconscient, à l'anti-logique, à l'imagination, afin d'aller au-delà du réel : « L'imaginaire est ce qui tend à devenir réel », écrit André Breton, et Picasso interrogé sur ses rapports avec le surréalisme répond : « J'essaie d'observer la nature, toujours. Je m'attache à la ressemblance, une ressemblance plus réelle que le réel, atteignant le surréel. C'est dans ce sens que j'ai compris le surréalisme... ». « Les possibilités d'utilisation du surréalisme au cinéma sont vastes et excitantes, précise Vincente

(12) Le lecteur intéressé par le cubisme, la vie et l'œuvre de Picasso peut se reporter au *Courrier de l'Unesco*, décembre 1980, et au livre de Pierre CABANNE, *Le cubisme*, coll. « Que sais-je ? », n° 1036, PUF, 1990.

Minnelli (13). Le surréalisme permet d'exprimer ce qui appartient à un univers mental, au rêve ou à la fantaisie. Une soudaine juxtaposition d'objets ou d'images qui sont sans aucune relation entre eux, dans la réalité. Le sentiment d'échapper au temps et à l'espace, que nous avons tous expérimenté. Le surréalisme est capable d'explorer et d'éclairer, d'une façon nouvelle et merveilleuse, toute la gamme des émotions, l'hystérie, la joie, la jalousie, la confusion, la folie, la tendresse, le délire, et évidemment tous les aspects de la haine, les complexités infinies de l'amour, avec ses extases et ses dépressions, son septième ciel et son agonie, son Cythère et sa Gethsémanie. J'ai hâte de m'y mettre, je ne peux pas attendre... »

Peu de films sont d'essence purement surréaliste, et cela pour diverses raisons difficiles à analyser ici (difficulté de saisir la pensée par le cinéma, contradiction avec l'art progressiste, qui, lui, est profondément réaliste, fondé sur des réalités sociales concrètes, causes économiques : de tels films s'adressent à un public fort restreint, etc.) : *La Coquille et le Clergyman,* de Germaine Dulac ; *Un chien andalou* et *L'Age d'or,* de Buñuel et Dali ; *L'Etoile de mer,* de Man Ray et Desnos. Mais beaucoup d'autres films sont très proches du surréalisme : *Entr'acte,* de René Clair et Picabia ; *Le Sang d'un poète,* de Cocteau ; *Zéro de conduite* et *L'Atalante,* de Jean Vigo ; certains films de Prévert, d'Autan-Lara... Sans oublier des films burlesques ou d'humour noir, comme le premier film des Marx Brothers, *Animal Crackers (L'Explorateur en folie),* de Victor Heerman (1930), et, bien sûr, les dessins animés et certains films américains qui permettent à la fantaisie de l'esprit de se donner libre cours. Très souvent il y a aussi une large part de surréalisme dans les films de terreur, d'anticipation, de science-fiction.

(13) *Surréalisme et Cinéma,* « Etudes cinématographiques », n° 40-42, p. 171.

CHAPITRE II

LES SIGNES D'UNE ÉCRITURE. LES ÉLÉMENTS D'UN LANGAGE

I. — Le temps

La maîtrise de l'échelle des temps compte parmi les procédés les plus remarquables du cinéma : sur l'écran, la durée d'un phénomène peut être, à volonté, interrompue, allongée, raccourcie, et même inversée. « Comme la pierre philosophale — disait Epstein — le cinéma détient le pouvoir d'universelles transmutations. Mais ce secret est extraordinairement simple : toute cette magie se réduit à la capacité de faire varier la dimension et l'orientation temporelles. » Discontinuité, ralenti, accéléré, inversion de l'échelle des temps, tous ces trucages — que le cinéma est le seul art à permettre — ont une inestimable valeur éducative, scientifique, philosophique, humoristique et artistique.

1. **Le ralenti.** — On sait que le ralenti présente un grand intérêt pour les scientifiques désireux d'étudier et d'analyser, et par là de mieux connaître certains phénomènes, certains mouvements des êtres vivants ou de leurs éléments qui se déroulent trop rapidement pour que l'œil soit capable de les suivre. Ce procédé permet de mettre en évidence la beauté d'un geste ou l'élégance d'une attitude (exercices d'un gymnaste, évolutions d'un cavalier, figures de ballets

ou de danses, etc.). Par ailleurs, il a été reconnu que l'effet de ralenti provoque souvent l'adhésion parfaite du spectateur, un fléchissement de sa conscience accompagné de réactions affectives diverses (malaise, angoisse, tristesse, nostalgie, exubérance imaginative, etc.) et quelquefois psychomotrices (activité onirique). Le ralenti peut suggérer des images de paix, de résignation, d'effort intense et continu, d'impuissance ou au contraire de puissance (tempête au ralenti dans *Le Tempestaire*). Dans *Zéro de conduite*, on assiste à un curieux effet à la fois poétique et psychologique avec un admirable défilé au ralenti synchronisé avec une ensorcelante musique à l'envers de Jaubert. Les scènes où s'exerce l'imagination des personnages sont assez fréquemment tournées au ralenti : c'est le cas dans *Un chapeau de paille d'Italie*, où l'on voit au ralenti, des meubles voler par la fenêtre de l'appartement du jeune marié, qui imagine la scène ; de même dans *La Ravissante Mme Beudet*, dans *Le Déserteur* (où un personnage songe à se suicider), dans *Fait divers*, ou encore dans *Zabrinski Point* (dans ce film, où Antonioni a recours à des caméras spéciales capables de prendre 3 000 images à la seconde, Daria [Daria Halprin] imagine l'explosion d'un luxueux appartement. Pulvérisés dans un champignon atomique, les objets qui symbolisent la société de consommation voltigent dans l'air). On retrouve des effets de ralenti dans *Les Choses de la vie*, dans les scènes de l'accident d'auto de Pierre (Michel Piccoli) : après son accident, celui-ci revit des bribes de sa vie, au cours des deux heures qui précèdent son décès. De même dans *Il pleut sur Santiago* (d'Helvio Soto) (reconstitution, au Chili, en 1973, du putsch militaire qui mit fin au régime démocratique de Salvador Allende). Les effets de ralenti sont largement utilisés, à côté d'autres trucages, pour traduire l'état d'apesanteur, mettre en évidence les forces gravitationnelles faibles, dans les films de science-fiction, tel *Le Trou noir* (de Gary Nelson) (lent mouvement du trou noir, vaisseau spatial traversant une pluie de météorites, etc.).

2. **L'accéléré.** — Les scientifiques utilisent fréquemment la technique de l'accéléré ou de l'ultra-accéléré dans leurs études portant sur des phénomènes lents : processus de cristallisation, croissances végétales ou animales, division des œufs et des cellules, développement d'embryons, corrosion des métaux, etc. Sans ce procédé, de nombreux phénomènes échapperaient totalement à l'observation visuelle normale. « La caméra ignore la nature morte » et, sur l'écran, en quelques secondes, une fleur fécondée se métamorphose en un fruit mûr. » A l'accéléré la vie des fleurs est shakespearienne », a écrit poétiquement Blaise Cendrars, et Germaine Dulac : « Nous sentons visuellement la peine qu'a une tige pour sortir de terre et fleurir. »

Grâce à la technique de l'accéléré, il est possible de créer de nombreux effets comiques et même les scènes les plus dramatiques, les plus pénibles peuvent prêter à rire ou devenir franchement comiques (comique de gestes comme dans les courses-poursuites des débuts du cinéma ou dans les vieux films muets, notamment ceux de Max Linder ou de Chaplin) ; il se produit chez le spectateur un fléchissement de la tension psychique résultant du sentiment d'une sorte de dégradation sans gravité des personnes et des choses (1). Il arrive, par ailleurs, que le cinéaste accélère volontairement une action pour des besoins psychologiques précis : « L'accélération du temps vivifie et spiritualise. Le ralentissement du temps mortifie et matérialise. On passe donc des apparences spirituelles aux apparences

(1) Dans le théâtre comique de la belle époque, notamment dans celui de Georges Feydau, on assiste souvent à des poursuites qui provoquent irrésistiblement le rire bon enfant et rappellent les débuts du cinéma.

matérielles ou *vice versa*... par de simples contractions ou extensions du temps », a écrit justement Jean Epstein. Dans *Le Tempestaire*, par exemple, la course effrénée de nuages dans le ciel matérialise la fuite inexorable du temps et crée ainsi un effet dramatique intense.

3. **L'arrêt du mouvement.** — Le cinéma est mouvement par essence. Epstein écrit : « Le cinéma en son essence est tellement lié au mouvement qu'il le détecte partout et révèle du même coup l'universelle mobilité [...]. Le mouvement paraît inhérent à la forme, il est et il fait la forme, sa forme. » Et Henri Agel (2) souligne que : « Le cinéma a une répugnance instinctive pour tout ce qui est statisme, géométrie, raison raisonnante. Il a une affinité essentielle par sa fluidité, pour la mouvance, la sinuosité. »

Le temps ne s'arrête jamais (« il n'a pas de loisir »), c'est un flux irrésistible et, par son œuvre incessante, tout change perpétuellement dans le monde : les désirs que forme Lamartine dans ses vers célèbres

> « O temps suspends ton vol ; et vous heures propices,
> Suspendez votre cours. »

ne peuvent être exaucés.

La vie est dissymétrie, déséquilibre, mouvement ; elle est caractérisée (tout au moins chez les animaux supérieurs) par une mobilité, une activité, un dynamisme, et elle ne peut être suspendue (en tout cas en totalité, même par une dessiccation complète dans le vide le plus élevé et aux confins du zéro absolu). Le comportement humain — pas plus qu'aucun phénomène physique ou biologique — n'admet d'équilibre dans l'absence de mouvement. Nous savons par la science, l'observation ou l'intuition que l'immobilité absolue n'existe pas et que l'inertie apparente ne signifie pas nécessairement la mort.

L'arrêt du mouvement, qui est « l'unique chose stable » (Jean Tinguely), n'a donc pas de vraisemblance physique ou psychologique ; c'est pourquoi les tentatives d'utiliser ce procédé dans certains films,

(2) *Esthétique du cinéma*, PUF, « Que sais-je ? », n° 751, 5e éd., 1971.

comme *Les Visiteurs du soir*, pour signifier l'arrêt de la marche du temps, ont abouti généralement à un échec (nous sommes, en effet, d'autant plus sensibles au temps qu'il y a discontinuité, changements, perceptions successives). A côté d'autres procédés (effets d'éclairage, effets sonores, etc.), l'arrêt du mouvement pourrait-il évoquer la mort ? L'effet produit est assez étrange et surprenant, par exemple dans *Monsieur et Madame Curie* au moment où Pierre Curie meurt écrasé par un camion, mais il n'est pas esthétiquement valable et psychologiquement justifié — d'autant que ce sont *tous* les éléments, *toutes* les composantes de l'image qui sont figés, et que les êtres vivants sont presque toujours immobilisés dans des positions verticales ou obliques, exprimant, au contraire de la mort, la force, la domination, le mouvement, la recherche d'équilibre.

4. **Inversion du mouvement.** — L'une des possibilités les plus remarquables du cinéma est de permettre au temps de croître dans une direction opposée ; réversible, ce qui est attraction peut devenir répulsion, et inversement. Très tôt (en fait depuis Lumière), le procédé d'inversion du mouvement a servi à réaliser de nombreux trucages et à créer (surtout en combinaison avec l'accéléré ou le ralenti) des effets comiques intéressants : plongeurs qui sortent de l'eau pour revenir sur le plongeoir, gens qui marchent à reculons dans la rue, danse à l'envers (surtout si elle est synchronisée avec une musique à l'envers)... Cocteau, Chaplin, Clair, Dreyer, Epstein, Guitry, Potter, etc., ont obtenu par ce procédé d'heureux effets poétiques ou dramatiques : c'est le cas d'Eisenstein dans *Octobre*, où l'on voit une statue du tsar revenir en place d'elle-même après avoir été abattue un peu avant.

« Le cinéma tout à coup décrit avec une claire exactitude un monde qui va de sa fin à son commencement, un anti-univers que l'homme ne parvenait guère à se représenter. Des feuilles mortes s'envolent du sol pour aller se repercher sur les branches des arbres... La fleur naît de sa flétrissure et se fane en un bourgeon qui rentre dans sa tige. » Et Epstein d'ajouter, s'interrogeant sur la nature de l'univers : « Serait-elle ambivalente ?... admettrait-elle une double logique, deux déterminismes, deux finalités contraires ? »

L'inversion du mouvement (le poussin qui rentre dans l'œuf, l'objet reconstitué à partir de ses éléments...) autorise une meilleure compréhension de certaines notions abstraites de la physique moderne, liées à la dimension principale de la science : le temps. Nous devenons les témoins oculaires du passage du probable à l'improbable, de la prédiction (statistiquement infaillible) à la rétrodiction (plus ou moins plausible), du désordre ou désordre maximal (entropie) à l'ordre ou à l'énergie ordonnée (énergie potentielle)... Mais nous ne y laissons pas tromper (3) ; dans la réalité, le temps (celui de la conscience) « fuit sans retour » (*Fugit irreparabile tempus,* écrit Virgile), il s'écoule nécessairement dans un sens bien déterminé et ne peut revenir en arrière. A ce propos Jean Mitry écrit (4) :

« Ce que nous appelons le temps, c'est cette direction, cette évolution perpétuellement tendue vers un avenir et aussi, la représentation du passé dont le présent est la conséquence et le constant témoignage, en bref » cette marche des choses qui est l'existence même.

« Le temps, donc, est nécessairement irréversible. Tout retour en arrière est impossible. A supposer que, par un fait extraordinaire, nous puissions revivre les années que nous avons vécues en remontant le cours du temps, cette remontée serait encore une marche « en avant ». Nous revivrions à l'envers le temps vécu mais *après* l'avoir *déjà* vécu. Ce serait une poursuite à rebours, non un retour en arrière. Le véritable retour en arrière serait l'annulation

(3) Alexis CARROL, dans *Sylvie et Bruno,* fait s'écouler le temps à l'envers grâce au «mécanisme d'inversion » de la Montre d'Autrepart.

(4) *Esthétique et psychologie du cinéma,* t. II : *Les formes,* p. 262–263.

pure et simple du temps, c'est-à-dire de ce qui fut. Nous effacerions notre passé en remontant le cours des choses — et ces choses elles-mêmes ; nous ne le revivrions pas...

« Si nous pouvons nous déplacer dans l'espace, c'est parce que l'espace a plusieurs dimensions (ou directions) et que nous sommes toujours situés dans l'une d'entre elles par rapport aux deux autres. S'il n'avait qu'une direction (auquel cas ce ne serait plus un espace), nous ne pourrions pas plus nous y déplacer que nous ne pouvons le faire dans le temps. Temps et espace se confondraient ; ce serait *la même chose.* »

Les Prs Cronin et Fitch se sont d'ailleurs partagé, en 1980, le prix Nobel de physique pour avoir mis en évidence, à partir d'une expérience réalisée dix-sept ans plus tôt, un nouvel aspect de la dissymétrie de la nature : la symétrie par renversement du temps n'est pas plus respectée par la nature que les symétries fondamentales : symétrie dite « de parité » (on pensait que la nature ne faisait aucune distinction entre la droite et la gauche) et symétrie dite « de conjugaison de charge » (à chaque particule devait correspondre une antiparticule de charge identique opposée, l'une et l'autre possédant les mêmes propriétés et obéissant aux mêmes lois) (5). Les travaux de ces deux physiciens ont finalement démontré qu'il était impossible de remonter le temps, en tout cas de revenir avec certitude au point de départ, et qu'un phénomène qui a eu lieu dans le passé n'a pas de réplique dans l'avenir. Du fait que la symétrie par renversement du temps n'existe pas, il est aussi peu probable (en réalité, physiquement impossible) que les singes de Borel puissent, en tapant au hasard sur des machines à écrire, reconstituer les manuscrits de la Bibliothèque nationale que des feuilles mortes puissent s'envoler du sol et revenir sur les branches aux points précis où elles étaient accrochées avant de tomber.

Sur l'écran, à la projection, après retournement de la pellicule de bas en haut, la droite et la gauche sont également inversées. Si le film ne présente que des événements naturels, l'inversion droite-gauche est sans inconvénient, et le spectateur ne s'en aperçoit pas (tout comme en peinture, d'ailleurs, pour bon nombre de tableaux...). Il n'en est pas de même s'il s'agit de scènes naturelles contenant des structures ou objets réalisés par l'homme et bilatéralement asymétriques (inscriptions sur un panneau, chiffres sur un cadran d'horloge, véhicules roulant d'un certain côté, ou, détails plus difficiles à détecter, deux personnes se serrant

(5) En 1949, Feynman avait suggéré que le positron était peut-être un électron qui remontait temporairement le temps ; d'où naquit l'idée que les antiparticules ne seraient que des particules qui remontent le temps, le temps pouvant alors être inversé, par rapport au nôtre, dans les galaxies formées d'antimatière.

la main gauche, par exemple). Dans son livre *L'Univers ambidextre* (Ed. Dunod), Gardner s'interroge : « Un bon chorégraphe pourrait-il réaliser un ballet palyndronique à symétrie bilatérale dans le temps, c'est-à-dire un ballet qui, filmé, donnerait deux versions à peu près identiques en projetant le film dans le sens normal et à l'envers ? » De fait, en ce qui concerne les processus naturels fondamentaux (croissance d'un cristal, réaction chimique en train de se développer, etc.), les physiciens sont actuellement en mesure d'affirmer qu'un film a été inversé ou non (cela depuis que les travaux de Lee et Yang, en 1956-1957, prix Nobel de physique, et que l'expérience célèbre de Mme Wu ont révélé la faillite de la loi « de parité »). Est-il besoin de dire que les événements naturels peuvent être filmés et la pellicule projetée après inversion sans que le spectateur s'en aperçoive (celui-ci, bien évidemment, ne dispose pas de cobalt 60 et de l'équipement nécessaire à l'expérience, qu'il n'a d'ailleurs nulle raison et aucun désir de réaliser).

5. **Contraction et dilatation du temps. Présent, passé et futur.** — Il est assez exceptionnel que la durée du film soit présentée comme identique à la durée de l'action : c'est le cas dans *La Corde*, film d'Hitchcock tourné pratiquement en un seul plan, la caméra suivant continuellement les personnages et le découpage-espace se substituant en totalité au découpage-temps. Bien entendu le temps de la perception, le temps psychologique diffère totalement du temps scientifique, celui dont la mesure est réglée sur des mouvements extérieurs, indépendants des spectateurs (le temps vécu par la conscience est une synthèse du passé et de l'avenir). Et cette durée éminemment subjective est très différemment perçue. Par ailleurs, il est important de noter que, du point de vue qualitatif, il se produit dans de nombreux films tels que *La Corde, Le Train sifflera trois fois, L'Inconnu du Nord-Express, Soupçons, Un homme est passé*, etc., une montée de la tension psychologique et il y a dramatisation, valorisation de la durée.

De fait, le temps est rarement respecté dans l'univers filmique. Il y a presque toujours des ellipses et des concentrations temporelles (suppression des parties inutiles et des temps faibles de l'action). Une narration en raccourci, à l'aide de quelques vues frappantes — en nombre réduit — provoque souvent le plus grand effet sur le spectateur. Ainsi avec le maximum d'intensité peut-on traduire des émotions, des sentiments violents ou inattendus. Le plan de coupe, permettant d'interrompre l'action sans heurt pour la reprendre ultérieurement, est très largement utilisé, pour contracter le temps, pour renforcer l'intensité des idées, en évitant des longueurs, et aussi pour bien laisser entendre quelque chose sans l'exprimer directement.

Il arrive qu'un personnage dédoublé agisse, dans un même plan, un même espace dramatique, au présent et au passé, et qu'il y ait ainsi fusion de deux temporalités : c'est le cas dans *Les Fraises sauvages* de Bergman ou de *Mademoiselle Julie* de Sjöberg, ou encore dans *Mort d'un commis voyageur* de Lazlo Benedek, etc.

Dans de nombreux films on assiste à un ou plusieurs sauts dans le passé proche ou lointain, par rapport au présent (6) (ou plus rarement par rapport à un premier passé) de la fiction, à des retours en arrière (*flashback* au premier ou second degré). Pour quelles raisons mêler à l'action présente des séquences d'un film ayant trait à des actions antérieures ? D'abord pour des raisons esthétiques explique Marcel Martin (7) :

« Dans le but d'appliquer de façon rigoureuse la règle de l'unité de temps (et celle de lieu éventuellement) : on aurait tort de sous-estimer l'importance de l'unité de temps dans la genèse d'une atmosphère dramatique et de nombreux films y ont trouvé une des raisons de leur valeur (*La Nuit de la Saint-Sylvestre, Le jour se lève, Huit Heures de sursis, Le Mouchard, Les Portes de la nuit*, etc.). Cette unité de temps peut être fort relâchée dans le cas d'une

(6) C'est le cas, par exemple, dans le célèbre film d'Andrzej WAJDA, *L'homme de marbre*, où présent et passé fusionnent d'un bout à l'autre de l'œuvre.

(7) *Le langage cinématographique*, Les Editeurs Français Réunis, p. 261-262.

action qui se divise en deux tranches séparées par une longue période : au lieu donc de présenter les origines du drame puis d'en montrer la conclusion vingt ou trente ans après, on fera débuter le film à cette seconde période, puis un retour en arrière exposera le passé avant qu'on ne revienne au présent pour le dénouement du drame ; ainsi l'œuvre est-elle refermée sur elle-même à la fois selon une symétrie structurale fort satisfaisante du point de vue esthétique et selon une symétrie temporelle qui lui donne une unité centrée sur le présent, qui est le temps le plus éminemment *participable* ».

Dans *Le Convoi sauvage*, film assez remarquable de Richard C. Sarafian, Zachary Bass (Richard Harris), très grièvement blessé par un ours, revit par intermittence le passé, et les images de sa femme, de son fils et du capitaine Henry (John Huston), qui l'a abandonné à son sort, se mêlent à l'action présente. Tout le charme de ce retour en arrière réside dans un mélange subtil de douceur et de sauvagerie. Admirables retours en arrière également dans *La Faute* d'André Cayatte, avec Michel Duchaussoy dans le rôle du Dr Leroy, dans *Je vous aime* de Claude Berri, avec Catherine Deneuve dans le rôle d'Alice, dans *Lola Montès* de Max Ophüls (sous le chapiteau d'un cirque gigantesque, Lola Montès [Martine Carol], au hasard des questions ou des commentaires du grand écuyer, revoit pour elle seule des moments de sa vie. Dans les films d'Alain Resnais, le passé et l'avenir, tout comme l'imaginaire et le réel se chevauchent et se confondent et on retrouve souvent le thème favori du metteur en scène : la prise de conscience d'un événement passé en surimpression sur l'instant présent : témoins *L'Année dernière à Marienbad* et *Hiroshima mon amour*, l'un des plus beaux films français (en 1959, à Hiroshima, ville martyre, à l'occasion du tournage d'un film, une jeune Française, Emmanuelle Riva, vit un bref et pathétique amour avec un Japonais, Eiji Okada. Et cette liaison lui en rappelle soudain une autre, qui eut lieu pendant l'occupation allemande en France, à Nevers).

Le procédé du flashback est évidemment rarement manié avec autant de talent et de génie que Resnais, et son usage expose à des écueils : danger, en dévoilant le dénouement, de supprimer ou d'atténuer fortement le suspense, risque d'incompréhension, mise en évidence d'un scénario trop élaboré, situation figée non « en devenir »...

Il arrive aussi, mais plus rarement, que dans une séquence au présent on assiste à un saut dans le futur *(flash-forward)*. Ce montage est audacieux, car la pensée de l'auteur n'est pas toujours évidente : l'avenir étant en réalité incertain, il y a de multiples futurs possibles dans lesquels l'homme peut s'engager, et la fabuleuse intelligence, dans l'hypothèse laplacienne, pour laquelle « l'avenir comme le passé serait présent à ses yeux » n'est qu'une construction de l'esprit. Dans les films de science-fiction, tels *C'était demain* de Nicholas Meyer, *Retour vers le futur* de Zemeckis, *Coup de jeune* de Xavier Gélin et *Forever Young* de Steve Niner avec Nel Gibson (comme dans les romans du type *La Machine à explorer le temps* de Wells ou *Le Voyageur imprudent* de René Barjavel), tout est possible, notamment les déplacements dans le temps, voyages dans le passé ou dans le futur (8). Les auteurs créent le dépaysement, le merveilleux, le fantastique, avec des histoires de voyages généralement dans le futur (le présent se situe dans le futur et le récit est alors compréhensible ; c'est l'intrusion d'un futur dans le présent donné qui n'apparaît pas évident). Dans *Le Livre des mondes oubliés* (Ed. J'ai Lu) page 223, Robert Charroux écrit : « Dans un univers à cinq dimensions, il serait probablement possible de vivre à l'état conscient simultanément au Moyen Age et au XXe siècle.

« Avec six dimensions, un homme pourrait à la fois être mort, vivant, chasser l'aurochs dans une vallée de la préhistoire et piloter un engin volant à destination de Sirius, se transmuter par la puissance de sa pensée. »

(8) En fait, depuis quelques années, les physiciens nous apprennent qu'il y aurait dans notre univers des structures enfermant un espace et un temps *complémentaires* de ceux auxquels nous sommes habitués. De l'autre côté de notre univers visible, là où se cachent les trous noirs, l'espace et le temps *échangent leurs rôles :* c'est l'espace et non plus le temps qui s'écoule de manière inexorable ; et on peut se promener dans le temps, comme on peut de notre côté du monde se déplacer dans l'espace.

Les astrophysiciens ont trouvé des raccourcis (baptisés « trous de ver ») dans l'espace-temps qui permettraient de voyager dans l'espace de manière quasi instantanée et même de remonter dans le temps et ainsi de se retrouver dans ce qui aurait dû être notre passé (cf. Le voyage dans le passé est-il possible ? par J.-F. ROBREDO, *Science et Vie,* avril 1989).

« Dans un univers à huit dimensions, tout semblerait permis, du voyage dans le temps et l'espace, jusqu'à l'intégration aux différents règnes de la nature. »

II. — L'espace

Nous venons de voir que le cinéma peut jouer en toute liberté avec le temps : il peut le condenser, l'étirer, le ralentir, l'accélérer ou l'inverser, le figer, le bouleverser ou le valoriser. Art du temps, il est aussi art de l'espace : « Jamais avant le cinéma, a écrit Jean Epstein, notre imagination n'avait été entraînée à un exercice aussi acrobatique de la représentation de l'espace que celui auquel nous obligent les films où se succèdent sans cesse gros plans et *longs shots*, vues plongeantes et montantes, normales et obliques selon tous les rayons de la sphère » (9). Le cinéma jouit en effet d'une maîtrise totale de l'espace. Le réalisateur se contente très rarement de reproduire un espace global tel qu'il est : il crée un espace purement conceptuel, imaginaire (10), structuré, artificiel, quelquefois déformé (films expressionnistes), un univers filmique où il y a condensations, fragmentations et rassemblements spatiaux (l'image est un transport dans le temps, mais aussi un transport dans l'espace). L'espace filmique n'est pas un simple cadre, et les images ne sont pas que des représentations à deux dimensions : il est un espace vivant, nullement indépendant de son contenu, mais intimement lié aux personnages qui y évoluent. Il a une valeur dramatique ou psychologique, ou une signification symbolique ; et aussi une valeur figurative et plastique, un caractère esthétique considérables (films abstraits de

(9) *Le Cinéma du Diable*, p. 103.

(10) A noter que les Japonais, par exemple, vivant en grand nombre sur un espace trop petit, se créent un espace imaginaire : par la multiplicité d'images, dans les magasins, les foyers, les rues, les lieux publics, les écrans de télévision géants ou miniaturisés, le grand nombre, une dizaine de chaînes de télévision (voir *Science Digest*, n° 2, mars 1982.)

Len Lye ou de MacLaren, productions de certains cinéastes italiens des années 40 [les « calligraphes »] ou des néo-formalistes, dont Bolognini, chef de file de cette tendance, nombreux films d'Antonioni, certaines œuvres de John Ford, comme *La Chevauchée fantastique* ou *Rio Grande*, encore que celui-ci soit un maître de l'intimisme ; nous pensons encore au western de William Wyler, avec Gregory Peck, *Les Grands Espaces*).

Avec la théorie de la relativité, on sait que l'espace a perdu sa spécificité : la réalité est un amalgame de durées et de longueurs, *l'espace-temps*, complexe qui est « ordre des situations », « ordre des coexistences possibles » d'après Leibnitz, « ensemble ordonné des positions occupées successivement par toutes les choses et tous les êtres ». L'espace filmique n'est pas indissociable du temps, et Epstein écrit fort justement (11) : « Dans la représentation cinématographique, l'espace et le temps sont indissolublement liés, unis pour constituer un cadre d'espace-temps, où coexistences et successions présentent ordres et rythmes variables jusqu'à la réversibilité. Là, pour référencier les phénomènes, il n'existe que des systèmes de relations mouvantes, qu'on ne trouve à rattacher à aucune valeur fixe ». Epstein écrit encore (*Le Cinéma du Diable*, p. 101) : « Si le cinéma inscrit la dimension dans le temps avec la dimension dans l'espace, il démontre aussi que toutes ces relations n'ont rien d'absolu, rien de fixe, qu'elles sont, au contraire, naturellement et expérimentalement variables à l'infini. » Tantôt, en effet, c'est le temps, le sentiment de la durée, qui impose sa présence (notamment dans les films psychologiques ou à suspense), tantôt c'est la perception de l'espace ou la sensation de l'étendue qui nous frappent, tantôt et le temps et l'espace semblent échapper totalement à notre intuition et à notre

(11) *Esprit du cinéma*, p. 225.

perception, laissant le pas à une autre dimension (notamment « celle de la physionomie », dans les gros plans de visages, comme le fait remarquer Bela Balazs). Le système espace-temps (l'espace sans un contenu) serait-il créateur ? Créateur de matière, inerte, puis organisée, vivante et pensante (12). Mais pour la matière — comme pour l'Univers — y a-t-il eu un commencement ? Y aura-t-il une fin ?

1. **Le gros plan.** — Le gros plan est certainement avec le montage l'un des éléments spécifiques les plus essentiels du langage cinématographique. Depuis longtemps, les grands metteurs en scène de cinéma ont su admirablement utiliser les ressources des gros plans d'objets ou d'acteurs, à des fins dramatiques ou psychologiques, et souvent intensifier les effets obtenus en alternant les plans généraux et les gros plans : l'Anglais Smith, dès 1900, puis Griffith *(Le Lys brisé, Intolérance, Naissance d'une nation)* et Cecil B. De Mille *(Forfaiture [The Cheat])*, ensuite Epstein (*Cœur fidèle*, singulièrement dans la célèbre séquence de la fête foraine), Eisenstein (dans *Le Cuirassé Potemkine*, on peut voir, après que le médecin eut été jeté à la mer, son lorgnon qui, retenu par un cordage, se balance au bout de son fil, image en gros plan, restée célèbre dans l'histoire du cinéma, et dont le contenu symbolique fait ressortir le comportement ridicule et sinistre de cet homme), Poudovkine *(La Mère, Tempête sur l'Asie)*, Dreyer : à propos de *La Passion de*

(12) Le vide n'est pas fait de rien. Une énergie peut apparaître et disparaître dans un laps de temps très court. Cette énergie éphémère, appelée fluctuation du vide, pourrait, d'après Einstein, se matérialiser sous la forme d'une paire de particules.

Un milieu matériel peut évoluer du désordre vers l'ordre sans enfreindre le second principe de la thermodynamique. Certaines réactions chimiques donnent lieu par exemple à des oscillations dans le temps et à une structuration dans l'espace. De telles réactions chimiques oscillantes auraient pu susciter la vie (cf. *La nouvelle alliance* par Ilya PRIGOGINE et Isabelle STENGERS, Ed. Gallimard, 1986).

Jeanne d'Arc, Bela Balazs écrit : « Nous nous trouvons dans la dimension d'une expression humaine isolée sur l'écran ». Et plus tard, Jean Renoir, qui dit de *La Bête humaine* (13) :

« C'est peut-être le film où je suis allé au-delà des images. Et puis dans ce film, il y avait, si je puis me permettre, un des plus beaux plans que j'ai jamais tourné, et que l'on ne voit pas parce qu'il a été coupé. Lorsque Simone Simon (Séverine) gît en travers du lit après avoir été poignardée par Gabin (Jacques Lantier), la caméra partant des pieds, remontait très lentement, caressait son corps, passait sur la blessure, jusqu'à sa tête et se terminait sur un plan de Gabin, sans expression. Pour que Claude Renoir à la caméra conserve le rythme de la séquence, un disque jouait *Le Petit Cœur de Ninon*. Je ne me rappelle plus très bien pourquoi on a coupé ce plan. Peut-être a-t-on eu peur que ce soit trop violent. »

Le gros plan ne concerne qu'une partie significative du sujet. Il crée ainsi une proximité et un isolement privilégiés, offrant à cet égard de grands ressources : en particulier, en permettant de mettre en valeur le visage de l'acteur, il révèle ou trahit une expression. Malraux a dit : « Le cinéma a permis de découvrir l'infini diversité du visage humain. » Et encore : « Un acteur de théâtre, c'est une petite tête dans une grande salle ; un acteur de cinéma, une grande tête dans une petite salle. » Certes, le gros plan ce n'est pas toute la différence entre le cinéma et le théâtre, mais il constitue un élément essentiel de cette différence. Jean Epstein a su admirablement le caractériser (14) :

« Entre le spectacle et le spectateur, aucune rampe. On ne regarde pas la vie, on la pénètre. Cette pénétration permet toutes les intimités. Un visage, sous la loupe, fait la roue, étale sa géographie fervente... C'est le miracle de la présence réelle, la vie manifeste, ouverte comme une belle grenade pelée de

(13) Entretien avec Jean Renoir, *La Bête humaine*, mon meilleur souvenir, *Les Lettres françaises*, 25 août 1966.
(14) *La Poésie d'aujourd'hui*, p. 171.

son écorce, assimilable, barbare. Théâtre de la peau. » Et nous ne pouvons que souscrire sans réserve aux propos d'Ingmar Bergman :

« Il y a beaucoup de réalisateurs qui oublient que le *visage humain* est le point de départ de notre travail. Nous pouvons certes nous consacrer à l'esthétique du montage, nous pouvons imprimer à des objets ou à des natures mortes des rythmes admirables, mais la proximité du visage humain est certainement la noblesse et la caractéristique du film... Le moyen d'expression le plus beau de l'acteur est son *regard.* Le *gros plan* objectivement composé, parfaitement conduit et joué est le moyen le plus puissant dont dispose le réalisateur pour influencer son public, mais il est en même temps le critère le plus sûr de sa compétence ou de son insuffisance. L'absence ou la multiplication des *gros plans* caractérise infailliblement le tempérament du réalisateur du film et le degré de l'intérêt qu'il porte aux hommes. »

L'écrivain d'art allemand Lichtenberg fait remarquer que : « La surface la plus passionnante de la terre, c'est, pour nous, celle du visage humain » (« l'image de l'âme », comme dit Cicéron). Ce qui fait dans une large mesure le talent et le charme d'un acteur de cinéma, c'est assurément sa physionomie, l'expression de son visage et de ses yeux, laquelle trahit des sentiments qui nous émeuvent et pénètrent l'âme. Renée Falconetti se prêta remarquablement aux gros plans (dans *La Passion de Jeanne d'Arc,* 1928, de Dreyer). Il en fut de même de Greta Garbo (notamment dans *La Reine Christine,* 1929, de Mamoulian et dans les films de Joseph von Sternberg). Cette poésie de la lumière sur les visages, on la retrouve aussi très souvent dans les œuvres de Andreï Tarkoovski et Sergueï Paradjanov. La physionomie avec le regard ne sont-ils pas un langage universel ? N'est-il pas merveilleux que sur un visage, dans un regard, chacun, dans tout pays, puisse lire instantanément tous les degrés d'amour, de tendresse, de joie, de tristesse, d'indifférence, de mépris, de supplication, de jalousie, de fureur, de haine... ? Lequel d'entre nous n'a jamais été troublé ou séduit par un gros plan d'œil de Gérard Philippe, James Dean, Tony Curtis, Paul Newman, Yul Brynner, Steve McQueen, ... ou par celui de l'un des personnages de films d'Alexandre Dovjenko ? Et le regard de Michèle Morgan, Marie Laforêt, Romy Schneider, Marina Vlady, Maria Schell, Françoise Fabian, Sophia Loren, Marie Dubois, etc., ne nous rappelle-t-il pas les vers de François Coopée :

> « Dieu voulut résumer les charmes de la femme
> En un seul, mais qui fût le plus essentiel.
> Et mit dans son regard tout l'infini du ciel. »

La physionomie existerait-elle en dehors de l'espace et du temps, accéderait-elle à une autre dimension ? Pour Bela Balazs, elle peut être une dimension en soi, échappant à la conception de l'espace et du temps : « Dans les films muets, l'expression de la physionomie isolée de ce qui l'entourait semblait faire accéder à une dimension étrange et neuve, celle de l'âme. Elle nous révélait un nouveau monde : le monde de la microphysionomie qui autrement n'aurait pas pu être perçu par l'œil nu ou dans la vie quotidienne » (15).

2. **Les angles de prises de vues.** — L'angle de prise de vues n'est jamais gratuit ; il est toujours justifié par la configuration du décor, l'éclairage, la mise en valeur de tel ou tel aspect du sujet, l'angle du plan précédent et du plan suivant, mais aussi par le désir de faire apparaître des phénomènes affectifs, de susciter certains sentiments, certaines émotions. Chaque angle de prise de vues implique un choix (tout art est choix), une prise de position intellectuelle ou

(15) *Theory of the film*, p. 65.

parfois affective du metteur en scène. On distingue généralement :

A) *L'angle « normal ».* — Le plus souvent la caméra est tenue horizontalement, à hauteur d'homme. Le point de vue est « normal », il n'y a pas de déformation de perspective.

B) *La plongée* (la caméra est située au-dessus du sujet). — Les différents plans se détachent nettement. Les personnages situés au premier plan semblent « écrasés », « plaqués » contre le sol. Des déformations trop prononcées donnent une vision particulière souvent disgracieuse, en tout cas abstraite où seules subsistent les structures essentielles. La plongée « diminue » le sujet, crée un effet d'écrasement, d'effondrement psychologique, suggère l'étouffement, le calme, l'angoisse, l'asservissement des personnages, qui deviennent les jouets d'un inexorable destin, ou de la volonté divine. Les prises de vues en plongée verticale produisent de curieux effets : c'est le cas dans le film d'Hitchcock, *Le Procès Paradine,* au moment où l'avocat, après les aveux de sa cliente, quitte la salle du tribunal, ou encore dans cet étrange film de George Schaefer, *Pendulum,* lorsque le jeune assassin Paul Martin Sanderson (Robert F. Lyons) est adossé au mur de sa cellule.

C) *La contre-plongée* (le sujet se trouve au-dessus de la caméra). — Cette prise de vue fausse également la perspective : les différents plans normalement différenciés se resserrent et les personnages situés au premier plan paraissent plus grands. La contre-plongée magnifie les individus. Elle évoque la supériorité, la puissance, le triomphe, l'orgueil, la majesté, ou encore la tragédie ou l'épouvante. On trouve de bons exemples de ces effets psychologiques ou dramatiques dans *La Fin de Saint-Pétersbourg* de Poudovkine, *Alexandre Newski* et *Que viva Mexico* d'Eisenstein, ou encore dans *Play Time,* chef-d'œuvre de Jacques Tati, où l'on voit M. Hulot découvrir le monde moderne avec ses grands immeubles en béton, en verre, et où domine l'uniformisation. Les prises de vues en contre-plongée verticale (points de vue généralement subjectifs) sont assez rares : vision d'un personnage de l'action, lequel, par exemple, est transporté sur une civière (*L'Adieu aux armes* de Frank Borzage), ou dans un cercueil dont le couvercle, en l'occurrence, est muni d'une petite fenêtre (*Vampyr* de Dreyer).

Lorsque la caméra bascule autour de son axe optique, on obtient des cadrages dits « penchés » ou des cadrages dits « désordonnés », le point de vue pouvant être celui du spectateur (caméra objective) ou bien celui d'un personnage de l'action (caméra subjective). Est-il besoin de faire remarquer qu'il existe une infinité d'angles de prise de vues, apportant toutes les nuances souhaitables. Et qu'il n'y a qu'une seule position idéale, tout le reste étant faiblesse ? Enfin que l'effet recherché n'est pas toujours celui auquel on s'attend (à la limite, il arrive que l'effet produit soit l'opposé de celui que le cinéaste prévoit théoriquement).

3. **Les mouvements de caméra.** — Un mouvement d'appareil est un important moyen d'expression filmique et il peut être très beau. C'est ainsi que Busby Berkeley a su de façon admirable filmer les ballets, en donnant une très grande mobilité à la caméra, en lui imprimant des mouvements complexes et subtils, délaissant les trois ou quatre appareils fixes disposés en différents points du studio. Parlant de ce réalisateur (et chorégraphe), Gène Kelly écrit : « Quiconque veut apprendre ce qu'on peut faire avec une caméra, devrait étudier chaque plan tourné par Berkeley. Il a tout fait. » Dans *A l'Ouest rien de nouveau (All Quiet on the Western Front,* 1930), Lewis Milestone a su remarquablement utiliser toutes les possibilités des techniques nouvelles : travellings et panoramiques en particulier. Les mouvements d'accompagnement sont irremplaçables ; de même, les changements de point de vue s'imposent lorsqu'il s'agit de décrire un paysage, une scène, un objet de grandes dimensions. Mais un mouvement d'appareil doit toujours correspondre à une nécessité physique, psychologique ou dramatique impérieuse, être utilisé dans une intention bien précise, solidement motivée sur le plan artistique. Et il peut y avoir avantage à le remplacer par un enchaînement intéressant de plans fixes (témoin le merveilleux film de Chris Marker, *La Jetée,* qui se compose d'une succession de plans fixes pris sur des diapositives). Il est de bon goût d'user à bon escient des mouvements d'approche et d'éloignement et de les alterner avec des plans fixes : trop souvent répétés, ils donnent le vertige au spectateur, en tout cas produisent chez ce dernier une sensation de malaise. A propos de l'inutilité de certains travellings, Jean Mitry écrit (16) : « On ne dira jamais

(16) *Esthétique et psychologie du cinéma,* t. II, p. 33.

assez de l'inutilité de certains travellings qui n'ont d'autre raison que de suivre le déplacement d'un personnage sous prétexte de décrire la réalité de l'événement [...]. Au lieu de ce travelling inutile (dans *La Vieille Fille* [d'Edmund Gouding]) une ellipse eût été de circonstance. Suivre un acte tout du long pour respecter le « temps réel » est une chose fort licite, à condition que la durée soit de quelque signification, car s'il n'est que de décrire le vide on peut le faire indéfiniment et c'est un art à la portée du premier venu. La question n'est donc pas du travelling « en soi » mais de ce que l'on met dedans, de ce à quoi il sert. »

Un mouvement d'appareil n'a pas uniquement une fonction descriptive. Il peut avoir aussi une fonction psychologique ou dramatique, notamment en exprimant, en matérialisant la tension mentale d'un personnage. Enfin il peut avoir également une fonction « rythmique » comme dans les films de Godard et de Resnais : Marcel Martin écrit (17) :

« Dans *A bout de souffle*, la caméra perpétuellement mobile crée une sorte de dynamisation de l'espace, lequel, au lieu de rester cadre rigide, devient fluide et vivant : les personnages y ont l'air d'être emportés dans un ballet (on pourrait presque parler d'une *fonction chorégraphique* de la caméra dans la mesure où c'est elle qui *danse*) ; d'autre part, les mouvements d'appareil incessants, en modifiant à chaque instant le point de vue du spectateur sur la scène, remplissent un rôle un peu analogue à celui du montage et finissent par conférer au film un rythme propre qui est un des éléments essentiels de son style.

« Chez Resnais, dans *Hiroshima mon amour*, *L'Année dernière à Marienbad* comme dans ses courts métrages, les mouvements d'appareil (le *travelling avant* surtout) n'ont pas à proprement parler (ou du moins pas essentiellement) un rôle descriptif mais une *fonction de pénétration*, soit dans l'univers d'un peintre *(Van Gogh)*, soit dans le souvenir, dans les arcanes de la mémoire *(Nuit et Brouillard)*, les travellings de Nevers dans *Hiroshima*) : par son caractère irréaliste et quasi onirique (il est fort proche des mouvements que nous effectuons dans nos rêves), le travelling

(17) Marcel MARTIN, *Le Langage cinématographique*, Les Editeurs Français Réunis, p. 51.

complète et renforce le rôle (analogue, sur d'autres plans) de la musique et du commentaire parlé *au présent;* enfin les mouvements d'appareil valent parfois tout simplement par leur beauté pure, par la vivante et enveloppante présence qu'ils confèrent au monde matériel et par l'intensité irrésistible de leur lent et long déroulement (les travellings dans les rues d'Hiroshima).

« On peut dire qu'il y a une *fonction incantatoire* des mouvements d'appareil qui correspond, sur le plan sensoriel (sensuel) aux effets du montage rapide sur le plan intellectuel (cérébral) ».

III. — La parole et le son

Le matériau sonore a une très grande importance au cinéma et l'on peut affirmer que l'esthétique de ce dernier a profondément été bouleversé par la venue des dialogues et de la musique. Le son est destiné a faciliter l'intelligence du récit, à augmenter la capacité d'expression du film et à créer une atmosphère. Il complète et renforce l'image. Des résultats souvent très différents sont obtenus par des combinaisons diverses des deux langages, le son et l'image : combinaisons complémentaires, redondantes, contradictoires (en contraste), ou en contrepoint. L'accompagnement musical est essentiellement affaire de sensibilité et de goût ; il n'y a pas de règle immuable, mais il importe que la musique et les effets sonores soient en harmonie avec le commentaire et avec l'image. La difficulté réside dans la sobriété et l'opportunité du commentaire ; la parole — aussi peu abondante que possible — a sa place, en principe, aussitôt après l'action. Le changement de timbre de voix (voix masculine suivie d'une voix féminine par exemple), de même que l'alternance des plans sonores ou du bruit et du silence, ont un grand pouvoir dramatique ou suggestif, souvent plus efficace que le contraste que l'on peut créer par la juxtaposition d'images.

1. **Les dialogues.** — « Le film muet, a écrit André Bazin, constituait un univers *privé* de son, d'où les

multiples symbolismes destinés à compenser cette infirmité. » L'image, amputée d'une de ses composantes essentielles, le son, ne pouvait se limiter à un rôle expressif, psychologique ou dramatique : elle devait nécessairement remplir aussi une fonction descriptive, explicative ; d'où l'usage, à cet effet, de la surimpression, de gros plans et du montage rapide (de même qu'on ne voit pas seulement avec ses yeux, mais aussi avec le toucher ou l'odorat par exemple, on peut entendre autrement que par les oreilles : de fait, tous les sens participent, tout le corps et tout l'esprit).

Le son a permis d'accroître l'impression d'authenticité, le sentiment de crédibilité matérielle et esthétique de l'image. Il assure une continuité sur le plan de la perception et de l'unité organique du film ; « Toujours, écrivait Pierre Porte, les sous-titres viendront couper fâcheusement les images, forceront à lire après avoir regardé, briseront le rythme du film. On a toujours l'impression en voyant un film, qu'il y a, d'une part, les images, et, d'autre part, les sous-titres. Il faut que cet antagonisme disparaisse : il faut que les textes et images soient fondus, emportés dans un même rythme. » En outre, le son « valorise » le silence et accroît sa puissance expressive : les films de Tati (comme *Play Time*) (très proches des films silencieux dits « muets » et faisant largement appel à l'imagination du spectateur) ou encore les films de Bresson, notamment *Le Journal d'un curé de campagne*, le prouvent abondamment. « Le muet, écrit Edgard Morin (18), figurait donc déjà le silence mais le sonore peut le traduire par du bruit alors que le muet traduisait le silence en silence. Le muet mettait le silence en scène. Le sonore lui donne la parole. »

Il arrive qu'il y ait superposition du son et de l'image, l'un et l'autre de ces deux langages se renforcent alors pour présenter la même information

(18) *Le Cinéma ou l'Homme imaginaire*, p. 141.

(combinaison redondante). L'attention du récepteur est focalisée ou conditionnée et celui-ci est passif (message « fermé »). Il y a risque de saturation et de rejet. La fonction du message est ici de décrire, former ou conditionner.

La combinaison complémentaire est fréquemment employée dans les films documentaires. Par son caractère didactique, elle vise essentiellement à informer, à décrire : le son et l'image, dans ce cas, se commentent réciproquement, chacun des deux langages est source d'une part de l'information. Le message est de type « semi-fermé » et le récepteur est plus ou moins passif ; son attention est sollicitée par la conjonction des deux types de perception, mais elle peut se dissiper si le message est trop long ou trop abondant (il y a toujours une quantité maximale d'information susceptible d'être communiquée et acquise).

Par rapport à l'image, le son peut être utilisé en *contraste* (combinaison contradictoire). Dans ce cas, le son principal et l'image ont des contenus qui s'opposent ; l'information est cachée et se donne à lire au second degré ; l'attention du spectateur étant stimulée ou renforcée (effet choc) et son imagination sollicitée, celui-ci ne manque pas en général de réagir (message « semi-ouvert »), mais il y a risque de contresens dans l'interprétation, par compréhension d'un seul des deux langages utilisés ; il est en effet délicat de solliciter en même temps deux sens perceptifs lorsque les deux informations simultanées ne convergent pas (19).

Les grands théoriciens du Septième Art accordent

(19) « La loi générale de la fonction nerveuse est que les informations sensitives provenant au cortex subissent un « tri » selon les nécessités du moment. Un chat ne capte plus les messages auditifs déclenchés par des « clics » sonores dès lors que l'information « souris » lui arrive par la voie visuelle » (*Science et Vie*, n° 136 : *Promesses de la médecine*, « Les molécules de la douleur et du bien-être », p. 122, Dr Jacqueline RENAUD).

très tôt une grande importance à la non-coïncidence du son et de l'image, à la dissociation opérée entre celle-ci et celui-là. Eisentein, Poudovkine, Alexandroff expriment l'idée du « contrepoint orchestral » dans le célèbre *Manifeste des Trois* publié en 1928.

Bela Balazs accorde, lui aussi, une grande importance à ce qu'il appelle « l'asynchronisme ». De son côté, René Clair observe que : « C'est l'emploi *alterné* de l'image d'un sujet et du son produit par ce sujet — et non leur emploi *simultané* — qui crée les meilleurs effets du cinéma sonore et parlant. (Et qu')il se pourrait que cette première règle qui se dégage du chaos de la technique naissante devînt une des lois de la technique de demain » (20).

Dans la « combinaison en contrepoint » le son et l'image sont chacun alternativement source d'informations spécifiques qui se renvoient les unes aux autres. L'information se donne à lire de manière dialectique : elle n'est réductible à aucun des deux langages, mais au mouvement dialectique qui s'établit pour le spectateur entre les deux. L'alternance des langages donne à voir dans un premier temps, à entendre dans un autre. Dans un troisième temps le spectateur est actif (message de type « ouvert ») : il participe, prend conscience, analyse.

« Si le cinéma se définit comme un ensemble de sons et d'images, écrit Louis Porcher (21), il faut dire avec clarté qu'aucune de ces deux caractéristiques n'est plus importante que l'autre, et que, en outre, elles interfèrent constamment et se modifient mutuellement. [...] Le son contribue au sens de l'image, et, plus que cette dernière, il sollicite l'imagination. » A

(20) Le son et l'image peuvent en effet fort bien ne pas être en correspondance. Au cinéma, comme au théâtre ou dans les romans ou en peinture (art en général), le vraisemblable passe souvent au second rang. On est loin du rationnel. Il faut s'habituer aux incursions dans l'irrationnel, le surréalisme.

(21) *L'Audio-visuel*, Ed. Retz, chap. « Le son ».

l'époque de la « littérature illustrée » le texte prévalait sur l'image et, en principe, précédait cette dernière (témoin le film d'Alexandre Astruc, *Le Rideau cramoisi*). Pourtant la supériorité de l'image sur la parole se manifeste déjà, en 1929, dans *Applause*, Le Rouben Mamoulian. Aujourd'hui, le son est reconnu comme un facteur constitutif de l'image, une composante privilégiée de celle-ci. Et l'on admet que le commentaire doit intervenir *après* l'image et non avant. « Ainsi, écrit Jean Mitry (22), l'émotion précède l'expression [...]. Or une émotion *déjà signifiée* ne peut plus émouvoir puisque cette émotion est tout entière dans la signification donnée [...]. Au cinéma, ce qui doit l'emporter, ce n'est ni le signifié ni la signification, mais le continuel passage du *non-signifié au signifié, le glissement de l'émotionnel à l'intellectuel à travers une signification toujours contingente.* » Le langage photographique est plus « polysémique » — un signifiant recouvre plusieurs signifiés, permettant ainsi plusieurs interprétations — que le langage parlé (lequel, à la limite, lorsqu'il est constitué de mots techniques, est « monosémique » : il n'autorise qu'une seule interprétation). En passant du langage s'adressant aux yeux au langage s'adressant aux oreilles, on passe du non signifié au signifié et l'on met d'abord en jeu l'affectivité du récepteur, ensuite son intelligence.

Le matériau sonore est d'un emploi très souple et il permet de créer des effets particulièrement intéressants et variés : c'est ainsi qu'il n'est pas exceptionnel que dialogues, monologues exprimant le contenu mental d'un personnage et commentaires d'une tierce personne, au présent, au passé ou au futur, soient utilisés en alternance dans un même film (nous pensons, par exemple, au film comique de Woody Allen, *Prends l'oseille et tire-toi*). Beaucoup plus rares

(22) *Esthétique et psychologie du cinéma*, t. II, p. 105.

sont les films dans lesquels des effets étonnants sont créés par simple décalage des paroles et des bruits : c'est le cas dans *Le Million, Les Belles de nuit, Miracle à Milan, Okraïna.* De curieux effets peuvent être produits lorsqu'il y a des contradictions entre les images et les paroles : ainsi dans *L'Homme à la cicatrice*, le mensonge d'un personnage racontant son passé (en voix *off*) est révélé par les images qui ne correspondent pas au récit. La voix *off* a une grande puissance de suggestion et permet des effets extrêmement intéressants : c'est le cas, notamment, dans la fameuse séquence du film d'Aldo Vergano, *Le soleil se lèvera encore*, où l'on voit le curé et un autre résistant conduits au supplice par les nazis. Le prêtre récite des litanies ; quelques personnes répondent *Ora pro nobis*, puis peu à peu toute la foule entonne ce répons en un crescendo extraordinairement émouvant, l'image ne montrant que, en gros plan, le curé et son camarade et deux ou trois hommes de la foule. « Nous entendons le son s'enfler comme le mugissement d'un torrent. C'est la révolte du peuple que nous percevons ; ce son isolé, symbolique n'est pas contenu dans un espace réel mais en quelque sorte dans un espace mythique ; sa puissance menaçante devient un formidable symbole sonore, précisément parce que nous ne pouvons voir la foule » (23).

Travail éminemment collectif, un bon film, comme toute bonne création, ne peut résulter que d'une entente harmonieuse entre tous les participants. C'est ainsi que les succès de Resnais s'expliquent en grande partie par le fait que l'opérateur est toujours le prolongement sensible du metteur en scène et par la collaboration très étroite de ce dernier avec ses scénaristes et dialoguistes. Chaque œuvre de Resnais est une rencontre, une entente et une création continue avec un auteur : avec Jorge Semprun *(La guerre*

(23) Bela BALAZS, *Theory of the film*, p. 203.

est finie), Jean Cayrol *(Muriel)*, Robbe-Grillet *(L'Année dernière à Marienbad)*, et singulièrement avec Marguerite Duras *(Hiroshima mon amour)*.

Cette entente parfaite et particulièrement féconde entre un grand metteur en scène et un dialoguiste de talent, on la retrouve chez Marcel Carné d'une part, et, d'autre part, Jacques Viot, ou Henri Jeanson, ou singulièrement Jacques Prévert. Les œuvres de Carné-Prévert ont un climat bien particulier (« réalisme poétique »), né de la collaboration des deux hommes : l'histoire souvent sombre, le dénouement, parfois tragique, y sont adoucis par une poésie tendre, d'inspiration populaire, qui se dégage des dialogues aussi bien que des images du film *(Quai des Brumes, Le jour se lève, Les Portes de la nuit...)* ; parfois la poésie est bien caractérisée *(Drôle de drame, Les Visiteurs du soir, Les Enfants du Paradis...)*.

Les meilleurs dialogues sont ceux qui « nourrissent » ou provoquent l'action, et qui correspondent parfaitement au caractère, au tempérament, à la personnalité intime et à la sensibilité de l'acteur : ce fut le cas, par exemple, des dialogues de Michel Audiard bien adaptés au personnage de Jean Gabin (*Le Pacha, Les Grandes Familles,* etc.) (24). C'est pourquoi il serait souhaitable — aussi bien en ce qui concerne les dialogues « de comportement », qui nous renseignent sur les personnages, que les dialogues « de scène », qui nous informent des pensées, des intentions, des sentiments des héros — que les acteurs puissent dans tous les cas improviser largement, à partir d'un texte écrit suivant les nécessités de la compréhension de l'histoire et la psychologie des partenaires.

La seule audition d'une voix peut donner une image

(24) Michel Audiard écrivait essentiellement pour les acteurs. Et il savait remarquablement adapter les dialogues à la personnalité de chacun : Delon et Belmondo, par exemple, ne s'expriment-ils pas différemment ?

incroyablement exacte de la plupart des caractéristiques physiques et mentales d'une personne, d'un acteur en particulier, et la puissance convaincante de la parole humaine ne tient pas uniquement dans les mots prononcés et les idées que ceux-ci suggèrent ; elle réside aussi dans le son même de la voix. Et celle-ci a non seulement un pouvoir de suggestion mais aussi une valeur psychologique certaine (elle exalte l'émotivité). De fait, l'intonation, le rythme et le timbre importent plus que la syntaxe, et si l'on remarque avec Merleau-Ponty que « la prodigalité ou l'avarice des mots, la plénitude ou le creux des paroles, leur exactitude ou leur affectation font sentir l'essence d'un personnage plus sûrement que beaucoup de descriptions », on conviendra de l'absurdité fondamentale du doublage. Aucun doublage ne permet, sans altération de la version originale, de donner dans une langue différente le dialogue des personnages s'exprimant dans la langue de Dante, de Cervantès, de Goethe, de Shakespeare, ou une autre. Certes, une œuvre peut être reprise et rournée avec des vedettes parlant la langue du pays auquel cette œuvre est destinée : c'est ainsi que, dès les débuts du cinéma parlant, Jacques Feyder s'attaqua, avec des interprètes talentueux, comme André Luguet et Françoise Rosay, à des versions françaises, qui d'ailleurs furent parfois supérieures aux versions américaines. Mais, dans ce cas, il s'agit d'une nouvelle création. Il serait à souhaiter que tous les acteurs d'un film, maîtrisant parfaitement plusieurs langues, puissent, sans rien changer à une création, interpréter, avec le même talent et le même succès, la version destinée à leur propre pays et les versions destinées à d'autres pays. Mais en toute rigueur est-ce possible ? Même avant l'avènement du « parlant » le cinéma n'était pas un « espéranto universel », comme le pensait René Clair, une image n'ayant pas toujours la même signification dans tous les pays.

La crédibilité d'un récit fait défaut lorsqu'un personnage s'exprime en tout lieu et en toute circonstance dans une autre langue que celle dans laquelle il devrait s'exprimer normalement : ainsi, dans *Torpille sous l'Atlantique* le capitaine Murell [Robert Mitchum] (qui commande un destroyer américain) et ses hommes parlent français : cela nous paraît conforme à la réalité. Mais que le commandant Von Stolberg [Curd Jurgens], son second Schwaffer [Théodore Bickel] et tous les autres membres de l'équipage du sous-marin allemand parlent également français, cela nous choque quelque peu et ne donne pas au film le ton d'authenticité désiré par Dick Powell. Mais, en l'occurrence, comment celui-ci aurait-il pu faire autrement (25) ? Dans de nombreux films de guerre (de René Clément, Duvivier, Melville, Dewever, Autant-Lara, Lindtberg, notamment dans *La Dernière Chance,* etc.), les personnages, et notamment les Allemands, parlent leur langue maternelle, ce qui a pour effet d'accroître considérablement la crédibilité de l'histoire ; mais l'emploi prolongé des sous-titres présente des inconvénients sérieux : les images sont fâcheusement coupées et le rythme du film est brisé.

« Chaque séquence, chaque plan réclame une certaine harmonie entre le dialogue et l'image — ou même plus généralement entre le son et l'image », écrit Etienne Fuzelier (26). Et il ajoute : « Dans certaines circonstances, la primauté est évidente : il peut y avoir des séquences « muettes » d'une grande intensité dramatique, et où naturellement l'image exprime à elle seule ce que l'auteur veut dire. Il y en a d'autres, au contraire — et je pense en particulier à certaines confrontations dramatiques de personnages — où le dialogue représente l'élément le plus vivant, le plus émouvant. Ce serait une faute, en ce cas, de compliquer l'image, de lui en faire exprimer trop : il lui faut conserver assez de discrétion et presque de neutralité pour que l'attention du spectateur se porte

(25) Des exemples similaires abondent : dans le film de John Guil Lermin, *Le Pont de Remagen,* les acteurs allemands parlent français, ce qui enlève de la crédibilité à cet épisode authentique de la seconde guerre mondiale, bataille meurtrière pourtant reconstituée consciencieusement et avec une grande impartialité. *La Bataille de Midway,* de Jack Smight, est également plus convaincant pour ses scènes d'action que pour ses dialogues (les Japonais : l'amiral Yamamoto, Toshiro Mifune, et ses officiers parlent un français impeccable et sans accent).

(26) *Cinéma et littérature,* Ed. du Cerf.

uniquement sur le jeu, l'expression et les paroles des personnages. [...] Le dialogue est irremplaçable, et il doit avoir « l'avantage », lorsqu'il s'agit de donner au public une information rapide et précise — ou lorsque la situation atteint un niveau dramatique qui intéresse particulièrement les sentiments des personnages. » Dans certains films, en effet, la parole est l'expression naturelle des personnages, et son rôle est alors primordial : nous pensons, en particulier, aux films d'Eric Rohmer et aux films de Joseph L. Mankiewicz.

Un bon dialogue parlé est simple, clair, spontané, efficace et exprime la réalité vécue, en conservant le naturel et la vraisemblance. Le développement logique, dramatique, psychologique est axé sur la continuité visuelle et « les mots surgissent de la situation ». Le texte peut être abondant, mais il n'y a pas de mots inutiles, le rythme est préservé, et il y a toujours adéquation entre les sons et les images. Le dialogue littéraire, « bien écrit », commenté, riche, où abondent les mots d'auteur, les idées philosophiques ou métaphysiques est mal adapté au cinéma.

Le film d'Alain Resnais *Mon oncle d'Amérique* (1980) est loin d'être seulement une histoire banale de trois personnages. C'est une analyse intelligente de l'homme et de son comportement. Un film intéressant, original et instructif, mais inaccessible car trop ambitieux. En effet, le commentaire du Pr H. Laborit sur la biologie, le comportement et la psychologie des animaux et des hommes est trop riche, trop philosophique. Il passe mal à l'écran. Il faudrait le revoir plusieurs fois : ce n'est guère qu'après avoir entendu et analysé les réflexions de Laborit qu'il est possible d'observer les scènes illustrant les commentaires.

Il en va de même du dialogue de théâtre, qui a une valeur en soi : au théâtre, « la situation est créée par les mots », l'enchaînement verbal est déterminant, la parole est l'esclave d'un faisceau de conventions, la vérité est un ensemble d'artifices. Et le malheur, c'est que trop d'artistes prétendent être en mesure d'assumer tous les rôles : ainsi, la plupart du temps, les dialoguistes de cinéma sont aussi gens de théâtre (en France tout du moins) et il arrive qu'un seul individu soit tout à la fois metteur en scène, scénariste, dialoguiste, parfois acteur, et aussi auteur ou adaptateur. Il est difficile d'admettre qu'une personne, encadrée seulement de quelques partenaires et aussi douée fût-elle, puisse réunir toutes les aptitudes nécessaires à l'élaboration d'un film. Il n'est pas surprenant que la plupart des tentatives aient abouti à un échec (les hommes complets tels Sacha Guitry, Marcel Pagnol, Jean Cocteau, Jean Anouilh, dont on admire la verve, les dialogues étincelants et au charme pétillant, sont des exceptions). En ce qui concerne la transposition à l'écran de pièces de théâtre, les résultats sont généralement décevants : de simples pièces filmées, ternes et froides, sans relief (l'écran ne possède que deux dimensions), le contact humain fait défaut et le public est privé du plaisir d'applaudir des acteurs en chair et en os. Pourtant, certaines adaptations ont été des réussites, notamment du théâtre shakespearien : *Henri V*, *Hamlet*, *Richard III* de Laurence Olivier ; *Macbeth*, *Othello* de Welles ; *La Mégère apprivoisée*, *Roméo et Juliette* de Zéfirelli ; *Jules César* de Mankiewicz ; *Macbeth* de Kurosawa. Plus récemment, c'est avec succès que Roger Coggio a porté à l'écran une œuvre de Molière, *Les Fourberies de Scapin*, donnant à la pièce un réalisme inattendu, une contemporanéité remarquable.

Il faut bien admettre que nous n'avons pas, en France tout du moins, beaucoup de dialoguistes de talent, spécialisés dans l'écriture des dialogues « réalistes », les plus spécifiques au cinéma. Dans le nombre : Daniel Boulanger (*L'Homme de Rio*, *La Menace*, *Les Mariés de l'an II*, *Les Caprices de Marie*, etc.), Roger Vailland, qui se révèle souvent un moraliste ironique et mordant (*Le Jour et l'Heure* de R. Clément) et Charles Spaak, qui a coopéré à de nombreux films de M. Carné *(Thérèse Raquin)*, d'A. Cayatte *(Avant le déluge)*, de P. de Broca *(Cartouche)*, de Y. Allégret *(Germinal)*, de J. Grémillon *(Gueule d'amour)*...

2. **La musique.** — Au cinéma, la musique a une fonction physiologique considérable, déjà reconnue au temps du muet : celle de donner au spectateur la sensation d'une durée effectivement vécue et de « le délivrer du terrible poids du silence ». Elle a aussi une fonction esthétique et psychologique de très haut degré, créant un état onirique, un climat ou des chocs affectifs exaltant l'émotivité. « Par le rythme, écrit Lo Duca (27), prévalent les mouvements eurythmiques (danses, marche) ; par l'harmonie, l'expression humaine ; l'élément harmonique et instrumental suggère des états d'âme. De là, les analogies entre le son et les images, et les sensations créées soit par le son soit par l'image.

« Des rythmes nouveaux sont constatés : entre la musique et l'image, le synchronisme n'est pas nécessairement rythmique, mais il peut être psychologique (scène de mouvement = musique uniforme ; scène statique = musique syncopée, etc.). »

La musique ne doit pas paraphraser l'expression visuelle. Elle n'a pas à « commenter l'action », à jouer un rôle explicatif, à accompagner, à soutenir ou à amplifier les effets visuels (sauf exceptions : musique de fond ou leitmotiv [refrain]). Tout comme le dialogue de cinéma, elle n'a aucune valeur en soi, « la musique doit renoncer à avoir une forme propre si elle est l'alliée de l'image », fait observer Roland Manuel : elle est un élément constitutif, un simple élément de signification du spectacle audio-visuel, qui doit évoquer, suggérer subtilement et discrètement, susciter des opérations de conscience.

(27) *Technique du cinéma*, PUF, « Que sais-je ? », n° 118, p. 92.

« Nous ne venons pas au cinéma pour entendre de la musique. Nous demandons à celle-ci d'approfondir en nous une impression visuelle. Nous ne lui demandons pas de nous « expliquer » les images, mais de leur ajouter une résonance de nature spécifiquement dissemblable. Nous ne lui demandons pas d'être « expressive » et d'ajouter son sentiment à celui des personnages ou du réalisateur, mais d'être « décorative » et de joindre sa propre arabesque à celle que nous propose l'écran. Qu'elle se débarrasse enfin de tous ses éléments subjectifs, qu'elle nous rende enfin physiquement sensible le rythme intense de l'image sans pour cela s'efforcer d'en traduire le contenu sentimental, dramatique ou poétique.

« C'est pourquoi je pense qu'il est essentiel pour la musique de film de se créer un style qui lui soit propre. Si elle se contente d'apporter à l'écran son souci traditionnel de composition ou d'expression, au lieu de pénétrer comme associée dans le monde des images, elle créera à l'écart un monde distinct du son, obéissant à ses lois propres...

« Que la musique de film soit donc libérée de tous ces éléments subjectifs ; qu'elle devienne également, comme l'image, réaliste ; en utilisant des moyens strictement musicaux et non dramatiques, qu'elle supporte le contenu plastique de l'image par une matière sonore « impersonnelle », au moyen de cette mystérieuse alchimie des correspondances qui appartiennent à l'essence même du métier de compositeur de musique de film. Qu'elle nous rende perceptible, enfin, le rythme de l'image, sans s'acharner à fournir une traduction de son contenu, qu'il soit d'ordre émotionnel, dramatique ou poétique.

« Libérée de toutes ses contingences académiques (développement symphonique, « effets orchestraux », etc.) la musique, grâce au film, nous révélera un nouvel aspect d'elle-même. Elle a encore à explorer tout le domaine qui s'étend entre ses frontières et celles de son naturel. Elle redonnerait leur dignité, à travers les images de l'écran, aux formules les plus usées, en les présentant dans une lumière nouvelle : trois notes d'accordéon, si elles correspondent à ce que demande une image particulière, seront toujours plus émouvantes, en l'occurrence, que la musique du *Vendredi saint* de Parsifal.

« La musique ne doit jamais oublier qu'au cinéma son caractère de phénomène sonore a le pas sur ses aspects intellectuels et même métaphysiques. Plus elle s'efface derrière l'image, plus elle a de chance de s'ouvrir de nouveaux horizons » (28).

La musique de film, suivant les conceptions de Maurice Jaubert, n'est nullement une « musique

(28) Maurice JAUBERT, *La Musique de film*.

d'ameublement », un simple élément de « remplissage » ; prévue dès le découpage (29), en même temps que le dialogue, les éclairages, les décors, etc., elle s'insère harmonieusement dans le contexte visuel. Le rôle qu'on lui accorde est considérable, mais discret, et le haut pouvoir dramatique du silence est intelligemment utilisé : c'est le cas, notamment, dans les films de Bresson, d'Antonioni, de Mizoguchi. Dans la ligne de Maurice Jaubert *(Quatorze-Juillet, Carnet de bal, Le jour se lève, Quai des Brumes, La Fin du jour...)*, on trouve d'excellents compositeurs français et étrangers comme Georges Auric *(L'Eternel Retour, La Belle et la Bête, Orphée, Les Sorcières de Salem, Gervaise...)*, Joseph Kosma *(Les Enfants du Paradis, Les Amants de Vérone, La Bête humaine...)*, Francis Lai *(Mariage, Mayerling, Ames perdues...)*, Maurice Jarre *(Docteur Jivago, Lawrence d'Arabie, Le Jour le plus long...)*, Francis de Roubaix, Michel Magne, Georges Van Parys, Claude Bolling, Michel Legrand (qui a écrit la musique de nombreux films, notamment de J. Demy, de J. Losey, de Rappeneau, de J.-L. Godard), Georges Delerue, et aussi Miklos Rozsa, Jerry Goldsmith, Hanns Eisler, Kurt Weill, Nino Rota, Giovanni Fusco (à qui l'on doit, notamment, en collaboration avec Georges Delerue, la musique du fameux *Hiroshima mon amour*).

« Giovanni Fusco refuse systématiquement toute mission et toute compromission dramatisante de la musique, écrit Marcel Martin (30) : il ne la fait intervenir qu'aux moments les plus importants du film (qui ne sont pas toujours les plus cruciaux de l'action apparente mais les plus décisifs dans l'évolution psychologique des personnages) comme une sorte de fond sonore très limité dans sa durée, très effacé par son volume, refusant toute facilité

(29) Dans la réalisation d'un dessin animé, on commence par les sons, lesquels sont ensuite illustrés par des dessins : le son devance l'image, comme c'est souvent le cas, par exemple, dans les films de Sergio Leone où la musique a une très grande importance.

(30) *Le Langage cinématographique.*

mélodique et absolument neutre sur le plan sentimental : son rôle est seulement, semble-t-il, de dilater le complexe espace-durée et d'ajouter à l'image un élément d'ordre sensoriel mais qui relève plus de l'intellect que de l'affectivité.

« La partition intervient en général sous la forme d'un *solo* d'instrument (piano, saxophone) et elle est d'une extrême discrétion ; son refus de toute paraphrase servile de l'action correspond à une volonté de *dédramatisation* de la musique de film : elle agit comme totalité affective, dans une sorte d'état second qui s'adresse plutôt au subconscient. »

Dépouillement, objectivité, pudeur dans l'expression, discrétion dramatique, neutralité sur le plan sentimental... ces qualités éminemment souhaitables d'un environnement sonore se retrouvent généralement dans la musique classique et le jazz moderne. C'est pourquoi beaucoup de cinéastes ont utilisé avec succès les œuvres déjà existantes des grands compositeurs : Beethoven *(Une femme mariée)*, Mozart *(La Maison des Bories, Fièvre...)*, Bach et Vivaldi *(Les Enfants terribles)*, Verdi *(Folle à tuer)*, Rachmaninoff *(Brève Rencontre)*, Franz Lehár *(La Veuve joyeuse)*, Erik Satie *(Entr'acte, Une histoire immortelle...)*, Gustav Mahler ([symphonies n° 3 et n° 5], *Mort à Venise*), Offenbach *(Le Plaisir)*, etc., sans oublier, bien sûr, Vincent Scotto, dont la musique facile, les airs légers sont particulièrement bien adaptés aux films de Pagnol *(La Femme du boulanger, La Fille du puisatier, Naïs...)*, et pour le jazz, les improvisations de John Lewis *(Sait-on jamais)*, de Miles Dawis *(Ascenseur pour l'échafaud)*, etc.

IV. — Autres éléments (spécifiques et non spécifiques) du langage cinématographique

1. **Le décor.** — Que le cinéaste vise à donner des personnes et des choses une représentation impersonnelle et désintéressée, ou, au contraire, une image ressentie, il existe toujours une disposition privilégiée

des différents éléments qui composent cette image. L'art de la composition consiste essentiellement à ordonner et à agencer au mieux le sujet principal et les éléments secondaires, afin d'obtenir un équilibre harmonieux de l'ensemble ou un effet psychologique ou dramatique. Mais le cinéma est mouvement par essence. Et il n'est évidemment pas possible de contrôler toutes les composantes d'une image animée, singulièrement lorsque le sujet est très mobile. Aussi — et plus encore que pour n'importe quel art graphique — la composition n'est-elle guère soumise au raisonnement ; elle traduit plutôt le caractère affectif, instinctif et tendanciel de l'artiste. Le mouvement, son rythme et son développement, l'idée directrice, la progression dans les pensées, et l'expression des personnages captent fortement l'attention du spectateur, et par là autorisent un certain relâchement dans la « mise en pages », des déséquilibres transitoires qui seraient inadmissibles dans un autre procédé d'expression artistique telle la photographie. Il importe néanmoins de ne pas perdre de vue que « tout importe dans tout » et que tout s'interfère. Le sujet principal et son milieu sont en interdépendance et interaction, l'un et l'autre formant un système macroscopique profondément lié au temps. A moins que le fond ne soit rendu délibérément flou par le jeu de la profondeur de champ, le décor est plus souvent un protagoniste qu'un simple environnement n'ayant d'autre implication que sa matérialité même. Nombre de cinéastes (Hitchcock, Kurosawa, Kubrick...) accordent à juste titre une grande importance au décor, de même que, à mesure que nous nous habituons à penser complexe, nous nous sentons de plus en plus solidaires du reste du monde : « Dans une civilisation qui a magnifiquement glorifié l'individu, écrit Jean Hamburger (31), commençaient à s'atrophier la con-

(31) *Un jour, un homme...*, Ed. Flammarion, p. 129.

nivence avec le décor où les hommes évoluent, la complicité avec les autres habitants de ce décor, la magie de la pierre, de l'arbre et de l'oiseau, le sens du lien secret qui nous unit au reste du monde. Ce sens suscite à nouveau aujourd'hui, me semble-t-il, des élans passionnels, presque esthétiques, qui naissent peut-être en réaction contre la sécheresse des systèmes voués au seul culte de l'individu. » Si le décor joue un grand rôle, il doit cependant s'effacer derrière l'action et contribuer à former un tout harmonieux, le risque, étant que l'attention du spectateur se porte sur un détail et se détourne ainsi de l'idée directrice du film : « En fait, dans le « champ total », écrit Jean Mitry (32), je dois *tout* voir, portant cependant mon attention, à tout instant, sur ce qui est *le plus important.* Mais cela, c'est *l'action elle-même qui me le dira,* car c'est elle qui dirige mon regard. Si donc elle me guide, je ne suis plus libre de mon choix. Le spectateur en effet, est *toujours* attiré dans une image par l'endroit qui atteint plastiquement ou dramatiquement le maximum de signification. » Il appartient au réalisateur d'être suffisamment persuasif.

Les décors peuvent être réels (naturels) : paysages ou constructions humaines, ou artificiels, construits en studio ou en plein air, en vue de servir de cadre à une action. Ces décors artificiels sont parfois grandioses, majestueux, voire cyclopéens : c'est le cas dans les réalisations fastueuses de Cecil B. De Mille ou dans des superproductions comme *Ben-Hur, Quo vadis, Géant, Spartacus, Cléopâtre, Pharaon, La Bible, les Centurions...* Une ville entière peut être reconstituée *(L'Aurore, La Kermesse héroïque),* ou un paysage : un lac gelé *(Alexandre Nevski),* une forêt *(La Mort de Siegfried, Juliette ou la Clé des songes),* une jungle *(King Kong),* etc.

(32) *Esthétique et psychologie du cinéma,* Ed. Universitaires, t. II, p. 47.

On peut distinguer plusieurs tendances dans la conception générale du décor :

A) *Réaliste ou néo-réaliste.* — C'est celle de l'école réaliste française des années 30, incarnée par Renoir, Feyder, Duvivier et Carné, des cinéastes soviétiques, américains (les paysages grandioses et majestueux des Etats-Unis, Texas, Montana, Oregon, Wyoming... sont des décors naturels incomparables, spécialement pour le tournage des westerns) et de l'école italienne de l'après-guerre (une tendance rassemble des cinéastes ayant une vision rigoureusement « réaliste », pointilliste et directe de la vie, Antonioni, Blasetti, Renato Castellani, De Sica, Luciano Emmer, Germi, Rossellini, Zampa, Zavattini, une autre tendance regroupe quelques cinéastes dits « romantiques », dont la vision est moins « dure », plus colorée et plus chaleureuse : De Santis, Lattuada, Vergano, Visconti, etc.).

B) *Impressionniste.* — Le décor — presque toujours naturel — est choisi, volontairement ou intuitivement, en fonction de la dominante psychologique ou dramatique de l'action. Les réalisateurs de cette veine ont un grand sens des atmosphères. Les uns peuvent être classés dans une tendance plutôt intellectualiste, cérébrale, conceptuelle et objectiviste (Antonioni, Bergman, Bresson, Dreyer, Fellini, Visconti, etc.), les autres, dans une tendance à dominante sensorielle ou sensualiste et intuitive (Buñuel, Dovjenko...).

C) *Expressionniste.* — C'est celle de l'école allemande, née dans les années 20, et dont l'influence esthétique très profonde a marqué et marque encore l'œuvre d'un grand nombre de réalisateurs du cinéma mondial : Bergman, Dreyer, Carné, Eisenstein, Epstein, Lang, Staudte, Sternberg, Welles... Ce mouvement rejette le réalisme, le naturalisme, l'impressionnisme et se fonde sur une vision subjective du monde, la traduction de l'intériorité, exprimées par la déformation, la stylisation, l'abstraction et le symbolisme. A propos du film expressionniste allemand *De l'aube à minuit*, racontant l'histoire d'un caissier de banque qui s'enfuit avec le contenu de son coffre-fort, Ivan Goll écrit (33) : « Le tout se déroule dans une atmosphère fiévreuse, et voici qu'un grand et jeune metteur en scène, Karl Heinz Martin, qui est aussi régisseur du Deutsches Theater de Reinhardt, s'empare du sujet et crée avec cela, et entouré des meilleurs peintres de sa ville, le premier film expressionniste cubiste : c'est-à-dire tous les paysages, tous les objets démesurément agrandis ou rapetissés selon l'idée de la scène ; le tout vu avec les yeux du caissier halluciné, des guichets de banque chancelants, des rues de travers, des hommes qui crient tous comme des fous, toute l'âme du héros répétée et transposée dans les choses, dans les formes, dans l'atmosphère intérieure du film. »

Le Cabinet du Dr Caligari est le chef-d'œuvre de l'expressionnisme *pictural :* le décor, construit sur toile par trois peintres-décorateurs, Walter Röhrig, Hermann Warm et Walter Reimann, exprime le point de vue d'un fou : les déformations, la stylisation et le symbolisme y sont poussés à l'extrême. Le décor entre en correspondance intime avec la mentalité pathologique du héros (névrose, angoisse, désarroi, morbidité). *La Mort de Siegfried*, *Les Nibelungen*, *Métropolis* sont des chefs-d'œuvre de l'expressionnisme *architectural :* les décors y sont grandioses et majestueux, stylisés et organisés en surfaces simples où s'affrontent les zones d'ombres et de lumières.

2. **L'éclairage.** — L'éclairage est « un décor vivant et presque un acteur ». Il est créateur de lieux,

(33) In *Cinéa*, n° 1.

de climat temporel et psychologique, et d'esthétique. La lumière, tout comme les lignes, les formes et les couleurs, peut avoir des effets sur la sensibilité de notre œil mais aussi sur notre sensibilité tout entière. Les perceptions effectives (ou mentales) s'accompagnent de sensations et de sentiments agréables ou désagréables, d'où les effets d'un beau paysage, d'une musique harmonieuse... bienfaisants sur le corps et sur l'esprit. Par le jeu et l'art des valeurs — c'est-à-dire des différents degrés des ombres et des lumières — le cinéaste peut obtenir la sensation de relief et donner à son sujet son atmosphère et sa valeur expressive. L'orientation de celui-ci par rapport à la lumière conditionne le modelé. « L'éclairage, écrit Ernest Lindgren (34), sert à définir et mouler les contours et les plans des objets, à créer l'impression de profondeur spatiale, à produire une atmosphère émotionnelle et même certains effets dramatiques. » L'éclairage d'ambiance (lumière générale et diffuse) sert à créer une ambiance psychologique générale, alors que l'éclairage d'effet (lumière dirigée et contrastée) permet d'obtenir des effets dramatiques précis. En réglant convenablement projecteurs et réflecteurs tous les effets désirés sont possibles : images très douces, contrastes faibles ou moyens avec de nombreuses nuances intermédiaires entre les noirs et les blancs, ou, au contraire, images dures avec des lumières très violentes, des ombres accusées démesurément, de fortes oppositions entre les ombres profondes et les hautes lumières, silhouettes sombres sur fond blanc, sans demi-teintes... Les Italiens et les Danois surent très tôt utiliser les possibilités expressives de la lumière artificielle, mais c'est Cecil B. De Mille qui fut le premier, dans *Forfaiture (The Cheat) :* sombre drame de la jalousie, à pousser aussi loin les recherches d'une dramatisation de la lumière,

(34) *The Art of the film*, p. 129.

multipliant les contre-jours, les clairs-obscurs, les effets de silhouette, les ombres portées, les éclairages de visages en contre-plongée, etc. Dès 1919, l'expressionnisme allemand et le *Kammerspiel* s'inspirent largement des recherches de De Mille sur l'éclairage, pour signifier des valeurs psychologiques et dramatiques, symboliser plastiquement des états d'âme. Cette *Stimmung*, cette ambiance sentimentale du clair-obscur, on la retrouve dans le fameux *Caligari* de Wiene et, notamment, dans les films de Lang *(Les Trois Lumières, Les Nibelungen, La Cinquième Victime...)* et de Murnau *(Nosferatu le Vampire, Faust, Le Dernier des hommes [chef-d'œuvre du Kammerspiel]...)*, et aussi dans *La Nuit de la Saint-Sylvestre* de Lupu Pick, *La Rue sans joie* de Pabst (avec Werner Krauss qui fut le Dr Caligari et Valeska Gert, actrice au physique ingrat, que l'on reverra plus tard chez Fellini), etc.

La mise en scène du conflit de la lumière et de l'ombre, l'utilisation dramatique du clair-obscur se retrouvent dans de nombreux films « noirs » psychologiques ou policiers, les affrontements de lumières accompagnant la violence de l'action : films de Carné, Wyler, John Ford, puis de Welles, Dassin, Kazan, Wilder, Dmytryk, Robson, Huston, Siodmak, etc. Un bon exemple est le film *Laura* (1944), d'Otto Preminger.

Dès 1945, le néo-réalisme italien réintroduit la mode des éclairages naturels, plats et peu contrastés, de style « actualités ». Cette réaction anti-expressionniste s'accentue encore vers la fin des années 50 avec la « nouvelle vague » française et les mouvements similaires : les prises de vues sont effectuées en plein air et en décors réels.

3. **Les costumes.** — Les costumes des acteurs participent souvent étroitement à l'atmosphère générale, singulièrement dans les films de comédies burles-

ques ou clownesques et dans les films expressionnistes, où les costumes sont extravagants et les maquillages outranciers. Les costumes sont généralement superbes et somptueux dans les films de comédies musicales : *Yolanda et le Voleur, Un Américain à Paris, Tous en scène...* (de Vincente Minnelli), *Le Magicien d'Oz* (de Victor Fleming), *Cabaret* (de Bob Fosse), *Babes on Broadway* (de Busby Berkeley), *Chantons sous la pluie* (de Stanley Donen), etc. Le costume a pour objet d'exalter la beauté ou le caractère, la personnalité des « héros », et de « mettre en valeur gestes et attitudes des personnages » : « Dans un film, écrit Lotte Eisner (35), le costume n'est jamais un élément artistique isolé. On doit le considérer par rapport à un certain style de mise en scène dont il peut accroître ou diminuer l'effet. Il se détachera du fond des différents décors pour mettre en valeur gestes et attitudes des personnages, selon le maintien et l'expression de ceux-ci. Il donnera sa note, par harmonie ou par contraste, dans le groupement des acteurs et dans l'ensemble d'un plan. Enfin, sous tel ou tel éclairage, il pourra être modelé, rehaussé par la lumière ou effacé par des ombres. »

Les costumes peuvent être franchement réalistes, le cinéaste ayant alors un grand souci de la reconstitution historique : *La Kermesse héroïque* (chef-d'œuvre de Feyder), *Jeanne d'Arc* de Victor Fleming, *Othello* de Welles, *Roméo et Juliette* de Cukor, *Les Sept Samouraïs* de Kurosawa, etc. Les images peuvent être très soignées, les mises en scène précieuses et recherchées avec exaltation poétique : *Mayerling* (de Terence Young), *La Grande Bourgeoise* (de Bolognini), *La Ronde* (de Roger Vadim), films de Max Ophüls *(La Ronde, Lola Montès...)*, etc. Le costume peut être intemporel, lorsque l'exactitude historique cède le pas à un souci majeur : celui de suggérer ou

(35) In *Revue du Cinéma* (num. sur le costume), p. 68.

de traduire symboliquement des caractères, des états d'âme, etc., ou encore de créer des effets dramatiques ou psychologiques *(Alexandre Nevsky, Métropolis, L'Ange bleu, Le Dernier des hommes...).*

4. **La couleur.** — Rappelons tout de suite que l'absence de couleurs est l'une des conventions cinématographiques les moins discutables (nous percevons nettement moins les couleurs que les valeurs, c'est-à-dire les différences relatives d'éclairement entre les parties claires et les parties sombres d'un même sujet). Cela dit, la représentation en noir et blanc est parfaitement justifiée dans les films purement psychologiques (*Le Journal d'un curé de campagne, Les Enfants terribles, Brève Rencontre, Psychose*, etc.) et dans les films de violence : « la question essentielle qui se pose, écrit Roger Boussinot (36), est de savoir si la couleur doit être « réaliste » ou non. Dans la première conception, la couleur tentera d'être conforme à la réalité : répétons que c'est actuellement difficile (37) et que le cinéaste est menacé par le danger de la « belle image », de la « carte postale ». Prenant une place disproportionnée par rapport à celle qu'elle a dans la vision naturelle, la couleur impose à l'image filmique une nuance « décorative » qui conduit facilement au maniérisme et à la nièvrerie : d'où il résulte que la couleur paraît contre-indiquée pour certains sujets violents (films de guerre, films policiers, films d'épouvante) » : ainsi *La Rue de la honte*, de Mizoguchi (pourtant l'un des maîtres de la couleur), de même le film de Martin Scorcese, *Raging Bull* — portrait d'un homme quasi primitif, brutal sur un ring mais aussi dans une chambre ou dans un bureau, habité par la rage de détruire et même de se détruire — œuvre

(36) *L'Encyclopédie du cinéma*, Ed. Bordas, p. 331.
(37) La couleur, de même que les décors, le scénario et la performance des acteurs français (Catherine Deneuve et Gérard Depardieu notamment) sont remarquables dans le film de Truffaut *Le Dernier Métro*.

d'exception remarquablement rendue en noir et blanc. A propos du film de David Lynch, *Elephant Man*, Eric Moreau écrit (38) : « *Elephant Man* se veut résolument une œuvre d'art, à la recherche de l'émotion, du sensible, du sensuel et du culturel. Cette histoire contée presque à la manière d'une nursery Tale, par une mère belle et féminine pour endormir son enfant monstrueux, pour lui donner enfin le sommeil des étoiles et la paix de son amour nous touche à chaque image ; mais il ne s'agit pas seulement d'une affection de nos sentiments, la photographie extrêmement soignée, utilisant les plus subtiles ressources du noir et blanc, donne à voir un monde lourd, sensuel où la recherche du bizarre, de la fleur du mal accompagne nécessairement une approche très réaliste des choses. John Merrick et le film ralenti de sa naissance qu'il décompose dans sa tête sont les produits du réel, ils surgissent d'une minutieuse observation de ce qui est : réalisme des rues sordides de Soho (évidemment !), de l'hôpital, du théâtre... David Lynch (comme Scorcese pour *Raging Bull*) a restitué au noir et blanc ses lettres de noblesse. Le fait est que l'on imagine mal ce film en couleurs. Car le monde précisément est trop coloré, paradoxalement la couleur efface ce qui est, elle atténue la lumière, les contrastes, subtilise ou plutôt absorbe les grains de sensualité dont les objets sont faits. Dickens écrivait certainement en noir et blanc. » Dans son film *Chassé-croisé*, Arielle Dombasle utilise aussi admirablement le noir et blanc pour capter l'obsession et le mystère chez les interprètes masculins. Certains cinéastes (Alain Resnais, Marcel Hanoun, Ettore Scola, etc.) comprenant que les moments dramatiques ou de forte intensité psychologique se mêlent souvent aux moments de détente ou de bonheur, ont tenté, souvent avec succès, d'introduire momentanément la

(38) *L'Ecole libératrice*, n° 25, p. 1175.

couleur ou de combiner celle-ci, de façon permanente ou non, avec le noir et blanc (*Nuit et Brouillard*, *Le Huitième Jour*, *Nous nous sommes tant aimés*, *Europa*...). Marc Hillel et Clarissa Henry ont remarquablement réussi à marier la couleur et le noir et blanc dans leur documentaire historique *Au nom de la race*, film réquisitoire qui fait la lumière sur l'une des plus mystérieuses institutions nazies : les Lebensborne. Dans certains cas, pourtant, la couleur, sans le secours du noir et blanc, souligne la violence : c'est le cas, par exemple, dans les épisodes virils du film de John Sturges, *Règlements de comptes à O. K. Corral*.

La couleur s'impose dans les films où elle peut déployer son caractère féerique (39), chaleureux, artificiel et envahissant, « briser l'action du refoulement » : comédies musicales (*Chantons sous la pluie*, de Donen, *Un Américain à Paris*, de Minnelli, *Tous en scène*, de Minnelli également), les films non réalistes (*Le Ballon rouge*, de Lamorisse, *Henri V*, de L. Olivier, *Sadko*, de Ptouchko), les films exotiques (*La Porte de l'enfer*, de Kinugasa, *Orfeu Negro*, de Camus), historiques (*Le Carrosse d'or*, de Renoir), les films d'aventures et les westerns. Le cinéaste ne recherche pas systématiquement la restitution des couleurs exactes : il peut fort bien exploiter des tonalités « plus chaudes » (rouge orangé) ou, au contraire, « plus froides » à des fins artistiques, en vue de contrepoint par rapport au contenu dramatique des images. « Si l'on ne peut modifier les valeurs à la prise de vues, écrit Jean Mitry (40), du moins

(39) *La Sultane de l'amour*, tiré des *Mille et Une Nuits*, un des grands films des débuts du cinéma (1919), a été colorié à la gouache image par image.

Il est possible aujourd'hui de convertir les films noir et blanc en films couleur en utilisant l'ordinateur. Mais les cinéphiles ne sont généralement pas partisans de transformer les anciens films noir et blanc : ils voient une trahison vis-à-vis des réalisateurs et des œuvres dont l'intérêt dramatique procède du noir et blanc.

(40) *Esthétique et psychologie du cinéma*, Ed. Universitaires, t. II, p. 128.

peut-on en choisir les éléments et composer des décors convenables. Tel cadre qui répond par ses tonalités naturelles à l'expression de tel sentiment peut être choisi de préférence à tel autre. Je n'en veux pour preuve que *Sept Hommes à abattre*, exaltant western dont la progression nous entraîne, à mesure que croît la tension dramatique, d'un paysage verdoyant de l'Ouest américain à l'implacable matité des roches, à la sécheresse des sables au milieu desquels se déroule le règlement de compte final tandis que la petite cité de planches évoque, par le charme désuet des saloons joliment décorés, toute la nostalgie d'une époque à jamais révolue.

« Cette progression, ce changement de paysage, cela bien sûr eût été possible avec le noir et blanc, mais la couleur ici joue un rôle non négligeable. Les teintes à la fois brutales et nuancées donnent à l'âpreté du décor un ton, une résonance tragique que le plus souple noir et blanc eût été incapable d'exprimer et la petite ville de l'ouest ne doit sa splendeur qu'au chromatisme subtil des falbalas 1860. »

Les couleurs impriment en notre être des sentiments et des impressions, agissent sur notre esprit, sur notre état d'âme ; elles peuvent donc servir à faire progresser l'action, participer directement à la création de l'atmosphère, du climat psychologique : cette éminente valeur psychologique et dramatique de la couleur, on la trouve judicieusement mise à profit dans la deuxième partie d'*Ivan le Terrible*, d'Eisenstein, où une dominante rouge exprime le dynamisme, l'exaltation des scènes de banquet et de danse, puis une dominante glaciale bleue la terreur du prétendant qui se rend compte qu'il va être victime d'une méprise et que sa dernière heure est venue. On trouve également d'excellents films de recherche de couleurs chez Antonioni *(Le Désert rouge)*, Renoir *(Le Fleuve)*, Tchoukhraï *(Le Quarante et unième)*, Visconti *(Senso, Le Guépard)*, René Clément *(Barrage contre le pacifique, Plein Soleil, La Maison sous les arbres)* dans ce film, le jaune éclatant exprime la joie de vivre du petit Patrick [Patrick Vincent], le bleu la douceur et la féminité de Jill Hallard [Faye Dunarway], les teintes mauves l'inquiétude du lendemain, l'angoisse de Jill. Mamoulian avait des idées précises sur l'emploi de la couleur Des films comme *Dr Jekyll et M. Hyde (Dr. Jekyl and Mr. Hyde,* 1931), *Becky Sharp (Becky Sharp,* 1935), premier long métrage en Technicolor trichrome de l'histoire du cinéma, *Arènes sanglantes (Blood and Sand,* 1941), le prouvent amplement. Pour la couleur d'*Arènes sanglantes,* Mamoulian s'inspira de la peinture espagnole, des tableaux d'un réalisme mystique de Goya, du Greco et de Vélasquez.

Dans l'état actuel de nos connaissances, il est très difficile, sinon impossible de rationaliser l'usage de la couleur à des fins psychologiques : dans l'emploi de celle-ci, c'est avant tout la subjectivité du créateur qui entre en jeu. Il y a bien un symbolisme de la couleur ressenti plus ou moins confusément, celle-ci pouvant être associée à des sentiments, à des signes, à des concepts. La difficulté est de considérer les couleurs non pas isolément, mais en vue de former un tout harmonieux, relativement entre elles, dans leur continuité, leur liaison immédiate ou lointaine, leur dynamisme. « La signification psychologique des couleurs est d'harmonies relatives, non de couleurs « en soi », écrit J. Mitry (41), attribuer le rouge à la colère, le bleu à la tendresse, le jaune à la trahison est d'une symbolique primaire, sinon infantile. De même que les sonorités musicales n'ont de sens que relativement entre elles, de même seules les relations de tonalités rapportées à une dominante quelconque et les harmonies qui s'ensuivent peuvent orienter l'esprit dans un

(41) *Esthétique et psychologie du cinéma,* Ed. Universitaires, t. II, p. 129 et 139.

sens déterminé. Ce sens étant imposé par la situation dramatique, il ne peut s'agir que d'un accord, d'une résonance, d'autant que les sensations colorées s'accordent dans une large mesure avec les implications qu'on leur prête ; leur symbolique est accessoire. Ainsi des significations inverses accordées au thème de la blancheur dans *La Ligne générale* et dans *Alexandre Nevski* [...]. Les couleurs sont beaucoup moins preignantes que les formes. Elles ne sauraient donc entraîner celles-ci et ne peuvent que se soumettre à leur réalité ou à leur irréalité supposée. Toutes choses qui n'empêchent point les rapports chromatiques de créer des relations nouvelles, c'est-à-dire de déterminer des suggestions ou des associations susceptibles de modifier ou d'infléchir les significations formelles. Bien qu'elles permettent, sur le plan réaliste, de souligner plus intensément la qualité plus substantielle des choses, ce qui compte, ce sont bien moins les couleurs que leur dynamisme, leurs relations dans la continuité, leur transformation graduelle en d'autres couleurs.

« De ce point de vue, les couleurs peuvent être travaillées, interprétées, choisies en fonction de ce que l'auteur s'est donné pour rôle d'exprimer. Elles peuvent échapper au réalisme sans cesser pour autant d'être vraies ou vraisemblables ; elles peuvent s'accorder aux sentiments des personnages, à leur drame. Mais c'est alors la subjectivité du créateur qui entre en jeu et plus du tout celle supposée d'un quelconque personnage de l'histoire. C'est la vision d'un auteur et non la traduction conventionnelle d'une image mentale. » Il est indiscutable qu'il existe des liaisons entre les sensations visuelles, et plus spécialement la couleur, et divers stimulis, notamment auditifs, de même que l'on peut associer un coloris et une odeur, ou inversement : « les parfums, les couleurs et les sons se répondent » ; Mizoguchi ne déclarait-il pas qu'il désirait rendre perceptibles le toucher et les odeurs de ses films ? Ces associations de sens (synesthésies) et correspondances sensorielles, cette idée de l'universelle correspondance, déjà chère aux romantiques, est évoquée par Paul Eluard : « Tout est comparable à tout, tout trouve son écho, sa raison, sa ressemblance, son opposition, son devenir partout. Et ce devenir est infini. » Synesthésies et correspondances sensorielles sont des phénomènes intuitifs ou d'ordre affectif ; d'où la difficulté d'en tirer des règles générales, en tout cas des relations rigoureuses, des équations mathématiques qui pourraient intervenir dans l'élaboration d'un film. Ce qu'il y a de sûr, c'est que les mots — tout comme les sons et les images — ne sont pas seulement l'expression de la pensée : ils ont parfois une vertu magique : c'est ainsi comme l'a fort justement souligné Pierre Brisson qu'il y a dans les versets claudéliens de l'*Annonce à Marie* « l'odeur de la prairie, celle des vergers, celle du bétail laborieux et pesant ; il y a la forêt, les champs moissonnés, les labours et tous les divers travaux qui suivent le rythme des saisons ».

5. **Le grand écran.** — Il permet d'élargir l'horizon à des fins spectaculaires. Il s'impose en particulier pour présenter de vastes paysages, des scènes de masse ou des mouvements de foule (nombreux acteurs et figurants). Il restitue étonnamment la sensation du relief (grâce à la vision périphérique et à l'organisation du champ dans la profondeur : étalement de tous les plans de scènes, de personnages, de mouvements, de l'avant-plan à l'extrême arrière-plan). L'apport esthétique du scope est considérable dans les films de spectacle (ballets, music-halls, scènes de cirque) et dans les films où l'espace détermine ou conditionne l'action (westerns, aventures maritimes, sujets historiques) : ainsi *La Tunique*, vaste mélodrame chrétien, d'H. Koster *(Cinémascope)*, *Withe Christmas*, music-hall, de M. Curtiz (spécialiste des

films d'aventure maritime) *(Vistavision)*, *Cléopâtre*, de J. Manckiewicz, et *Oklahoma*, de F. Zinnemann *(Tood AO)*, *Ben-Hur* (avec bataille navale et course de chars), de W. Wyler et *Spartacus*, de S. Kubrick *(Panavision)*, *Le Cid*, superproduction d'A. Mann *(Technirama)*, *La Bible*, de J. Huston *(D-150)*, *La Conquête de l'Ouest*, de J. Ford et *La Chute de l'Empire romain*, d'A. Mann *(Cinérama)*...

En revanche, le grand écran, ne permettant pas, en principe, le gros plan isolé, est mal adapté aux huis clos dramatiques et aux sujets « intimistes » à tonalité psychologique (Max Ophüls a pourtant remarquablement su, à maintes reprises, dans *Lola Montès* par exemple, laisser dans l'obscurité les extrémités de l'écran du Cinémascope ou utiliser comme caches des fragments de décor ; de même Teinosuke Kinugasa *(Le Héron blanc)*.

6. **La profondeur de champ.** — En réintroduisant la troisième dimension (le relief) dans la mise en scène, la profondeur de champ autorise des effets intéressants et très efficaces. L'opérateur peut soit rechercher une grande netteté sur tous les plans (du gros plan au plan général), soit limiter la netteté en profondeur (découpage virtuel), afin d'isoler tel ou tel élément de l'image, créer des effets spéciaux, donner l'illusion du relief, accrocher plus fortement l'attention.

Pendant longtemps la mise en scène de cinéma a été conçue comme celle du théâtre, l'acteur évoluant *devant* le décor (toile peinte) et non *avec* le décor : la valeur expressive spécifique de la mise en scène en profondeur, c'est-à-dire construite autour de l'axe de prise de vues, dans un espace longitudinal où les personnages évoluent librement, étant méconnue. On trouve une utilisation systématique remarquable de la profondeur de champ dans l'œuvre de Renoir *(Boudu sauvé des eaux* [photo de L. H. Burel], *La Règle du jeu* [Photo de J. Bachelet]) et surtout dans celle de Welles (*Citizen Kane* [photo de Greg Toland — qui fut l'un des plus grands opérateurs que le cinéma mondial ait connus], *La Splendeur des Amberson*, avec la célèbre séquence du bal [excellent chef opérateur Stanley Cortez]) ; également dans les films de Wyler (*Les Plus Belles Années de notre vie*, *Les Hauts de Hurlevent* [avec une séquence difficile, restée longtemps célèbre, admirablement photographiée par Greg Toland]) et chez Ozoguchi (*L'Elégie d'Osaka* et *Les Sœurs de Gion*).

Avec la mise en scène en profondeur, les déplacements dans le cadre tendent à se substituer au changement de plan et au mouvement d'appareil. L'espace n'est plus statique, fragmenté, temporalisé, mais représenté dans sa totalité : c'est un véritable « espace-temps » avec des structures spatiales plus dynamiques et plus psychologiques. Avec l'introduction du *plan-séquence* (plan long ou très long) le découpage classique est remplacé par un découpage virtuel basé soit sur la mobilité des personnages et leur disposition relative au cours du plan (la fameuse scène de la cuisine avec la conversation entre George et sa tante dans *La Splendeur des Amberson*), soit sur la simultanéité de plusieurs actions, sur l'étagement en profondeur de plusieurs centres d'intérêt (la scène de la tentative de suicide de Susan, dans *Citizen Kane :* le verre et la fiole de poison au premier plan, la tête de Susan, dans l'ombre, au second plan, et au fond la porte). La profondeur de champ ne contraint pas nécessairement la caméra à l'immobilité (Resnais l'a admirablement prouvé) et les longs plans fixes n'impliquent pas forcément le statisme théâtral et la monotonie (Welles et Ozu, notamment, ont su remarquablement échapper à ce risque grâce au choix judicieux des cadrages, des angles de prise de vues et des effets d'éclairage).

Avec le découpage traditionnel (montage analytique de plans successifs), nous participons directement à l'action, nous nous sentons directement concernés et engageons notre passion. Avec le plan-séquence, la mise en scène « réaliste » crée une tension dramatique intense, valorise le drame psychologique dont nous devenons des témoins attentifs et objectifs (notre liberté par rapport à l'événement est illusoire, contrairement à ce que pensait André Bazin).

7. **Le jeu des acteurs.** — Le cinéma — tout comme le théâtre (selon la conception de Grotowski) — peut exister sans costumes ni décors, sans musique, sans effets de lumière, sans parole, mais il ne peut exister sans acteurs (42). « Le jeu est une activité naturelle à l'homme, que l'on peut repérer dans toutes les sociétés depuis l'aube de notre histoire. Rien de plus spontané que le goût du simulacre et du déguisement, qui permettent à chacun de se projeter dans les images de soi assemblées pour le plaisir, pour le réconfort ou, plus agressivement, en vue de la conquête du monde et de la domination d'autrui » (43).

On distingue communément :

— Le jeu stylisé, hautement théâtral, tourné vers un dramatisme tendu des dialogues. Chaque réplique, dense et percutante, exprime la pensée, l'état d'esprit, l'idée, le caractère. La psychologie n'est pas exprimée : tout est « représentation », symbole (*Ivan le Terrible* d'Eisenstein). A noter que les grands acteurs de l'expressionnisme (Conrad Veidt, Emil Jannings, Werner Krauss, Heinrich George, parmi les plus célèbres) ont un jeu assez lourd, théâtral, proche de l'emphase et à la limite de l'exhibition.

(42) *Les acteurs font les films*. Les metteurs en scène français ne manquent pas de talent, mais d'idées-forces. Ce sont les jeunes acteurs qui assurent le succès de leurs films. Souvent ils viennent du théâtre (Norbert Multeau, *Le spectacle du monde*, juillet 1988, p. 72 à 77).

(43) Robert ABIRACHED, Les jeux de l'être et du paraître, *Le Théâtre*, Ed. Bordas, p. 154.

— Le jeu statique : celui des acteurs qui, par leur personnalité puissante ont de la prestance, imposent leur présence exceptionnelle à l'écran (Raimu, Jannings, Cooper, Wayne, Gabin, Welles, Laugthon...).

— Le jeu dynamique, volubile : il correspond bien au tempérament méditerranéen (films italiens en général).

— Le jeu frénétique : dans le cinéma japonais, on retrouve constamment frénésie des adolescents et humour glacé : Kurosawa, notamment par l'entremise de ses deux interprètes favoris, Toshiro Mifune et Takashi Shimura, nous présente dans son œuvre des aspects contradictoires : c'est tantôt la violence, la fougue, l'exubérance, tantôt le comique et tantôt la sérénité harmonieuse, la mesure, la puissance d'une sagesse et d'une réflexion mûrie).

— Le jeu excentrique : c'est notamment le style du FEKS (Fabrique de l'Acteur excentrique), mouvement soviétique d'avant-garde fondé en 1922 par Kozintsev, Trauberg, Youtkévitch et Guérassimov, et qui s'oppose au « ciné-œil » de Dziga Vertov (qui prétendait saisir la réalité sur le vif) et au « laboratoire expérimental » de Kouléchov (qui comptait uniquement sur l'expression de l'acteur « modèle vivant », et sur le montage). A noter que les comédiens de l'école expressionniste avaient, selon la conception du décor, un jeu statique ou, au contraire, désarticulé, avec gesticulations et mouvements accélérés.

En fait le style de jeu des acteurs peut varier à l'infini : élément constitutif essentiel d'une œuvre, il doit se plier à des exigences plastiques, psychologiques et dramatiques bien déterminées. Il peut servir à exprimer la violence et la passion (*Feux dans la plaine*, d'Ichikawa, *Hara-Kiri*, de Kobayashi), la violence et la cruauté mêlées au réalisme et à la poésie (films de Yamamoto, par exemple), l'angoisse *(Lola*

Montès), les troubles névrotiques (*Bellissima*, de Visconti), la vigueur (*Deux Sous d'espoir*, de Castellani, avec Maria Fiore et Vincenzo Musolino), la passion contenue (films avec Marie-José Nat), la passion déchaînée : de Romy Schneider, Robert Enrico dit (44) qu' « elle est une comédienne merveilleuse et d'une photogénie diabolique. Elle veut devenir la première. Elle sait se donner à fond dans un rôle. Dans la scène cruciale (du film *Le Vieux Fusil*) où elle est violentée, où elle se débat et où elle assiste à l'assassinat de la fille de son mari, elle était déchaînée au point qu'elle a renversé un comédien dans les escaliers. Elle était à la fin du tournage couverte de bleus, ses ongles étaient cassés et elle avait un doigt abîmé. J'ai coupé volontairement le son pour ne laisser agir que l'image, mais les hurlements étaient terrifiants... ». Parfois les acteurs sont contraints de pratiquer un jeu intériorisé : c'est le cas, par exemple, dans le film de Bresson, *Le Journal d'un curé de campagne*, ou dans celui de Dreyer, *La Passion de Jeanne d'Arc* (les drames et les passions se lisent sur les visages et les attitudes). Les grands acteurs ont une personnalité mais ont le don de se transformer facilement : Michel Piccoli dit de lui-même : « Il y a des acteurs qui se mettent en transes, qui se font plaisir, qui aiment qu'on les voie. Moi, j'aime qu'on voie les personnages que j'interprète. Je ne viens pas pour faire mon numéro... Je me plie, je m'éclipse. Pour être acteur, il faut être souple. Dans *Docteur Jekyll et M. Hyde*, de Victor Fleming, Spencer Tracy parvient, sans maquillage, par les seules expressions de son visage à être aussi impressionnant qu'avaient su l'être ses prédécesseurs, John Barrymore en 1920 et Fredric March en 1934. Le jeu des acteurs adolescents est toujours naturel, spontané, plein de pureté et de

(44) Les fiches de M. Cinéma, 0/26, *Images et Loisirs*.

poésie : à propos du cinéma réalisé par les enfants, François Truffaut écrit (45) :

« Les enfants amenant avec eux automatiquement la poésie, je crois qu'il faut éviter d'introduire des éléments poétiques dans un film d'enfants en sorte que la poésie naisse d'elle-même, comme de surcroît, comme un résultat et non comme un moyen, ni même comme un but à atteindre. Pour être plus concret, je trouverai davantage de poésie dans une séquence qui montrera un enfant en train d'essuyer la vaisselle que dans telle autre où le même enfant en costume de velours cueillera des fleurs dans un jardin sur une musique de Mozart. » Et Truffaut ajoute : « Un sourire d'enfant sur un écran et la partie est gagnée (...). Les acteurs adolescents amènent une pureté extraordinaire que l'on n'obtient pas toujours d'acteurs professionnels (...). Au contraire des acteurs professionnels, les enfants n'ont pas de trucs ; ils ne cherchent pas à se placer avantageusement par rapport à l'objectif, ils ne savent pas s'ils ont un profit meilleur que l'autre, ils ne rusent jamais avec un sentiment. Tout ce que fait un enfant sur l'écran, curieusement il semble le faire pour la première fois. » Ces remarques expliquent sans doute le grand succès du film d'Yves Robert *La Guerre des boutons*, film dont les distributeurs ne voulaient pourtant pas. Et d'autres films avec de remarquables enfants comédiens, tels que : *L'effrontée* (1985), de Claude Miller avec la petite Charlotte Gainsbourg, *Au revoir les enfants* (1987), de Louis Malle avec Julien (Gaspard Manesse) et Bonnet (Raphaël Fetjö), *Le Grand Chemin* (1987), de Jean-Loup Hubert avec Louis (Antoine Hubert) et Martine (Vanessa Guedj), *Empire du Soleil* (1988), de Steven Spielberg avec le petit

(45) Faire du cinéma avec les enfants, *Le Courrier de l'Unesco*, mars 1979. Voir aussi *Les enfances au miroir du cinéma*, par François Vallet, in *Courrier de l'Unesco*, p. 43, octobre 1991.

Gim (Christian Bale), *Un Enfant de Calabre* (1988), de Luigi Comencini avec Mimi le petit garçon (Santo Polimeno), *Après la guerre* (1989), de Jean-Loup Hubert avec les deux petits Hubert, Antoine et Julien, etc.

CHAPITRE III

LE STYLE DE L'ÉCRITURE : LE MONTAGE VISUEL ET LE MONTAGE SONORE. L'ORGANISATION DU RÉEL

Le montage ne se limite pas — loin s'en faut — à un simple travail de coupure et de collage : c'est aussi et surtout une création ; langage du réalisateur, « il impose un style et révèle une vision originale du monde ». Le montage préside à l'organisation du réel, pour satisfaire à la fois l'intelligence et la sensibilité, et provoquer l'émotion artistique, l'effet dramatique ou onirique : il jongle avec le temps et avec l'espace, avec les décors et avec les personnages (trucages et doublures). Il est l'élément le plus spécifique du langage cinématographique, « le fondement esthétique du film » (Poudovkine). Les grands cinéastes et esthéticiens (Eisenstein, Poudovkine, Balazs, Arnheim, etc.) se sont efforcés d'établir la nomenclature des divers procédés de montage et d'analyser leurs effets psychologiques.

De ces études, il ressort que l'on peut classer tous les types de montage en trois catégories principales :

1. **Le montage rythmique.** — De l'art du montage résulte le rythme du film comme l'affirme Bela Balazs : « Grâce au montage, le mouvement de la narration sera tantôt rapide et ample comme l'hexamètre du chant épique des Anciens, tantôt semblable

à la ballade dont la cadence d'abord impétueuse va en s'apaisant. « Pour Eisenstein : « Qu'il s'agisse de la composition des ensembles, de l'harmonie des masses juxtaposées, de l'ordonnance mélodique des formes ou du martèlement rythmique des détails, on se trouve en présence d'une « danse ». C'est la même « danse » qui est à l'origine des créations musicales ou picturales, c'est encore celle qui préside au montage cinématographique. » Et pour Elie Faure : « Le cinéma, architecture en mouvement, parvient à éveiller des sensations musicales qui se solidarisent dans l'espace, par le moyen de sensations visuelles qui se solidarisent dans le temps. En fait, dit-il, c'est une musique qui nous touche par l'intermédiaire de l'œil. » Alternance périodique de temps forts et de temps faibles, « ordre et proportion dans l'espace et le temps », tout cela découle d'un montage créatif habilement réalisé, qui fait d'un bon film un poème, une « architecture en mouvement », une « musique qui nous touche par l'intermédiaire de l'œil », une création picturale ou encore une danse.

Il est difficile de donner une définition précise du rythme (ou *tempo*), des facteurs extrêmement subjectifs et variables intervenant, comme l'attention du spectateur. Il résulte du mouvement des images entre elles et de la convergence entre le mouvement de l'attention du spectateur et celui des images. « Un plan, écrit J.-P. Chartier, n'est pas perçu du début à la fin de la même façon. Il est d'abord reconnu et situé : c'est, si l'on veut, l'exposition. Alors se place un moment d'attention maximum où est saisie la signification, la raison d'être du plan : geste, mot ou mouvement qui font progresser le déroulement, ensuite l'attention baisse et si le plan se prolonge naît un instant d'ennui, d'impatience. Si chaque plan est coupé exactement au moment où baisse l'attention pour être remplacé par un autre, l'attention sera sans cesse tenue en haleine, on dira que le film a du rythme (1). Ce qu'on appelle rythme cinématographique n'est donc pas la saisie des rapports de temps entre les plans, c'est la coïncidence entre la durée de chaque plan et les mouvements d'attention qu'il suscite et satisfait. Il ne s'agit pas d'un rythme temporel abstrait, mais d'un rythme de l'attention. » La perception *intuitive* du rythme par le spectateur naît de la succession des plans selon des rapports précis créés par le cinéaste (et le monteur) : rapports de *longueur*, qui déterminent, chez le spectateur, une impression de durée définie à la fois par la longueur réelle du plan et par son contenu dramatique, et rapports de *grosseur*, qui se traduisent par un choc psychologique d'autant plus intense que le plan est plus gros. « Les combinaisons rythmiques, écrivait Léon Moussinac, qui résulteront du choix et de l'ordre des images provoqueront chez le spectateur une émotion complémentaire de l'émotion déterminée par le sujet du film [...]. C'est du rythme que l'œuvre cinématographique tire l'ordre et la proportion sans quoi elle ne saurait avoir les caractères d'une œuvre d'art. « Différents facteurs interviennent dans la création du rythme, notamment le mouvement dans le plan (contenu statique ou dynamique de l'image), la musique, la composition de l'image (lignes et formes dominantes), la grosseur du plan (une succession de gros plans crée une tension dramatique élevée). Mais le rythme est surtout affaire de distribution métrique, la longueur des plans étant l'élément décisif. L'opérateur insistera sur tel ou tel détail significatif pour montrer (valeur documentaire) mais aussi pour suggérer (effet dramatique). Il recherchera les effets et le

(1) Dans les feuilletons américains du type *Dallas*, plusieurs actions différentes se déroulent en des lieux différents avec passage instantané d'une scène à l'autre. Le procédé est très efficace pour maintenir l'attention du spectateur. Pourtant le public ne s'intéresse plus au fameux modèle américain. Ces situations ultra-mémorisées ne l'accrochent plus. Il a réappris à rêver et revient à l'intelligence et à la poésie.

rythme adaptés au mieux à l'action. En principe, des événements se précipitant à un rythme rapide dans un film d'action seront traduits par une suite de plans courts (rythme nerveux, dynamique, violent, tragique, etc.), alors qu'une séquence lente dans un « film psychologique » sera représentée, au contraire, par une succession de plans longs, donnant une impression de langueur, d'ennui, de désœuvrement, d'impuissance, de tristesse et de monotonie, de sensualité, etc. Des plans de plus en plus courts traduisent en principe une montée de l'intensité dramatique vers le nœud de l'action ou le coup de théâtre. Des plans de plus en plus longs donnent plutôt l'impression inverse : retour au calme, relaxation progressive, apaisement de l'angoisse, etc. Enfin, une suite de plans brefs et longs dans un ordre quelconque donne un rythme sans tonalité dramatique et psychologique spéciale. C'est en alternant les durées, en variant fréquemment la longueur des plans que l'on donne au film diversité et vie.

2. **Le montage intellectuel ou idéologique.** — C'est l'opération remplissant un but plus ou moins descriptif, et qui consiste à rapprocher des plans en vue de communiquer au spectateur un point de vue, un sentiment, un contenu idéologique. Eisenstein disait : « Deux fragments de films quels qu'ils soient, placés ensemble, se combinent inévitablement en un nouveau concept, une nouvelle qualité, naissant de leur juxtaposition [...]. Le montage est l'art d'exprimer ou de signifier par le rapport de deux plans juxtaposés, de telle sorte que cette juxtaposition fasse naître l'idée ou exprimer quelque chose qui n'est contenu dans aucun des deux plans pris séparément. L'ensemble est supérieur à la somme des parties. » Au cinéma, comme dans la plupart des branches des sciences, lorsqu'on rassemble des éléments (au sens large) en vue d'obtenir un résultat, celui-ci est

souvent différent de celui auquel on s'attendait, c'est le phénomène dit d' « *émergence* » (2).

Ainsi on apprend en biologie que le père et la mère mélangent leur patrimoine héréditaire pour créer un troisième personnage n'additionnant nullement ces deux patrimoines mais les combinant au contraire en un nouveau patrimoine inédit. En chimie, on sait que l'on peut mélanger deux éléments en proportions quelconques mais que l'on ne peut les combiner, vraiment, en un corps nouveau, que dans des proportions parfaitement définies (Lavoisier) ; de même, lors du montage, les plans ne peuvent être réunis que dans un rapport harmonieux pour faire un film. Dans les propos d'André Lwoff (3), on retrouve des similitudes avec ceux d'Eisenstein évoqués plus haut : « Les propriétés de la molécule de chlorure de sodium ne sont pas la somme de celles des atomes de chlore et de sodium. Une cellule vivante est plus que la somme du noyau et du cytoplasme dont ni l'un ni l'autre, considérés séparément ne sont vivants. Une nation est plus que la somme de ses citoyens. Une désintégration atomique est plus que la libération de quelques particules : c'est la destruction de l'unité atome. » Et A. Lwoff ajoute : « Et il est bien évident que lorsqu'on libère une classe c'est-à-dire lorsqu'on désincorpore les recrues qui ont été incorporées dans l'armée, cette armée n'est pas pour autant désintégrée. Lorsqu'on désincorpore des parties, leur perte n'entraîne pas la destruction du tout. Lorsqu'on désintègre un tout, celui-ci cesse d'exister. »

Ces dernières remarques nous rappellent que de longs métrages peuvent ne pas être projetés intégralement et cela sans trop de dommage, d'altération de l'œuvre. Encore que cette pratique, sauf si elle vise à supprimer des longueurs, donc des faiblesses, risque de nuire à l'intelligibilité, à la compréhension du récit, car, en principe, comme le souligne Scherer : « Rien ne peut se comprendre que dans sa liaison avec tout le reste. »

Le montage idéologique consiste à donner de la réalité une vision reconstruite intellectuellement : « Photographier sous un seul angle n'importe quel geste ou paysage, écrit Poudovkine, ainsi que les

(2) Voir *La méthode*, t. I : *La Nature de la Nature*, d'Edgar MORIN, p. 106 et sq., Ed. du Seuil, coll. « Points », 1977.
(3) *Jeux et combats*, Ed. Fayard, p. 266.

pourrait enregistrer un simple observateur, c'est utiliser le cinéma pour créer une image d'un ordre purement technique, car on ne doit pas se contenter d'observer passivement la réalité. Il faut tenter de voir bien d'autres choses qui ne seraient pas perceptibles à quiconque. Il faut non seulement regarder, mais examiner, voir mais concevoir, apprendre, mais comprendre. Et c'est en cela que les procédés de montage sont d'une aide efficace au cinéma [...]. Le montage est donc inséparable de l'idée, qui analyse, critique, unit et généralise [...]. Le montage est donc une nouvelle méthode, découverte et cultivée par le septième art, pour préciser et mettre en évidence tous les liens, extérieurs ou intérieurs, qui existent dans la réalité des événements divers. »

Le montage peut créer ou mettre en évidence des rapports purement intellectuels, conceptuels, avec valeur symbolique : rapports de temps, de lieu, de cause et de conséquence. Il peut mettre en parallèle des ouvriers fusillés et des animaux égorgés *(La Grève)*. La liaison est parfois subtile et peut ne pas se faire dans l'esprit du spectateur (4) :

Ainsi Marcel Martin rapporte, dans *Le Langage cinématographique* (p. 176) un effet de montage dans *Montagnes d'or* (de Serge Youtkévitch) résultant du rapprochement symbolique par parallélisme d' « une manifestation ouvrière à Saint-Pétersbourg et d'une délégation de travailleurs venus demander à leur patron la signature d'une feuille de revendications (à Bakou) » :

« — les ouvriers face au directeur ;
— les manifestants face à l'officier de police ;

(4) A propos de l'interaction des images, voir Les images subliminales : sommes-nous manipulés par la pub invisible ?, *Science et Vie*, août 1988, p. 20 à 27, et *La biologie des passions*, de J.-D. VINCENT, Ed. Odile Jacob, 1986, p. 303 et sq. (l'expression faciale des émotions est un langage inné et universel).

Poetzl a remarqué que les éléments d'une image présentée pendant un temps très court peuvent réapparaître dans les rêves des sujets, alors qu'ils avaient été incapables de se les rappeler immédiatement après la présentation de l'image (cf. *Le cerveau et l'esprit* de Guy Lazorthes, éd. Flammarion, p. 181, *Les hypermnésies*.

— le directeur tenant une plume à la main ;
— l'officier lève la main pour donner le signal du tir ;
— une goutte d'encre tombe sur la feuille de revendications ;
— l'officier abaisse la main ; salve ; un manifestant s'écroule ;
— une deuxième goutte d'encre tombe sur le papier (cette deuxième goutte évoque symboliquement une goutte de sang) ».

Joris Ivens dans son film *Zuyderzee* rapproche à plusieurs reprises des scènes de destruction de céréales (blé incendié ou jeté à la mer) pendant la crise capitaliste de 1930, de l'image émouvante d'un enfant affamé. « Le réalisateur, écrit Balazs, ne fait que photographier la réalité mais il « découpe » une signification donnée. Ses photos sont la réalité, incontestablement. Mais le montage leur donne un sens [...]. Le montage ne montre pas la réalité, mais la vérité — ou le mensonge. » C'est dans cette perspective, rechercher l'effet de choc maximal que l'image est capable d'apporter au service d'une cause, que le montage idéologique a pu être utilisé par les cinéastes soviétiques à des fins de propagande, comme une arme efficace dans la longue bataille pour le triomphe de la Révolution. L' « expérience de Kouléchov » prouve le rôle créateur du montage : un gros plan d'Ivan Mosjoukine, choisi volontairement inexpressif, était mis en rapport avec l'image d'une assiette de soupe fumante, d'un revolver, d'un cercueil d'enfant, d'une scène érotique. En projetant les séquences devant les spectateurs non prévenus, le visage de Mosjoukine exprimait alors la faim, la peur, la tristesse ou le désir. D'autres montages célèbres peuvent être assimilés à l' « effet Kouléchov » : le montage des trois lions de pierre — le premier endormi, le deuxième éveillé, le troisième redressé — qui, juxtaposés, n'en font qu'un seul rugissant et insurgé (dans *Le Potemkine*), ou encore celui de la statue du tsar Alexandre III, qui, démolie, se reconstitue, symbolisant ainsi le retournement de la situation politique (dans *Octobre*). Ainsi, comme le précise

Robert Bresson : « Les images, comme les mots du dictionnaire, n'ont de pouvoir que par leur relation. » Il est patent de constater que des images (ou des sons) neutres, pris isolément, sont « influencés » par la juxtaposition d'autres images (5) (ou d'autres sons) (il en va de même de couleurs juxtaposées). « Le cinéma doit s'exprimer, dit Bresson, non par des images mais par des rapports d'images, ce qui n'est pas du tout la même chose. De même un peintre ne s'exprime pas par des couleurs mais par des rapports de couleurs ; un bleu est un bleu en lui-même, mais s'il est à côté d'un vert ou d'un rouge, ce n'est plus le même bleu » (6). Nous avons une tendance naturelle à projeter sur toutes choses nos impressions, nos sentiments et nos pensées. Ces dernières pouvant d'ailleurs être conscientes ou inconscientes : « Pour moi, disait Albert Einstein, il n'est pas douteux que notre pensée fonctionne pour la plus grande part sans se servir des mots et, en outre, de façon largement inconsciente. » L'impassibilité du visage de Mosjoukine, prenant des tonalités différentes, dans la fameuse « expérience de Kouléchov », n'a pas manqué de pousser des metteurs en scène à croire en la toute puissance du montage, le rôle de l'acteur étant à la limite totalement négligé (7).

3. **Le montage narratif.** — Il a pour rôle de raconter une action par l'assemblage de divers fragments de réalité dont la succession est destinée à donner une totalité significative. Ce type de montage a une fonction « descriptive » — la plus naturelle et

(5) La dernière image d'une séquence n'est pas mémorisée telle quelle mais comme une image supplémentaire qui serait la suite logique des précédentes, une extrapolation dans le futur de la séquence.

(6) Propos de Robert Bresson, in *Cahiers du Cinéma*, n° 75.

(7) L'importance du montage ne doit évidemment pas être exagérée à ce point. Et les grands metteurs en scène choisissent souvent des acteurs célèbres (Grégory Peck, Cary Grant, Ingrid Bergman ont été par exemple les acteurs fétiches d'Hitchcock).

aussi la plus usuelle — alors que le montage rythmique et le montage intellectuel ressortissent surtout du domaine descriptif. Le temps étant la dimension fondamentale de tout récit, on peut distinguer, d'après l'ordre des successions, quatre sortes de montages narratifs.

A) *Le montage linéaire.* — C'est le montage le plus simple et le plus classique : une action unique est exposée en une succession de scènes disposées les unes à la suite des autres dans un ordre logique et chronologique (8).

B) *Le montage inversé.* — Dans ce cas, l'ordre chronologique n'est plus respecté. Le film est construit sur un ou plusieurs retours en arrière *(flash-back).* Un ou plusieurs fragments d'action passée sont insérés dans une action présente : c'est le cas dans *Le Jour se lève, Citizen Kane, Brève Rencontre, Le Diable au corps, Les Fraises sauvages, Elle n'a dansé qu'un seul été, Monsieur Ripois...* Cette technique qui consiste à mêler le passé au présent a largement été utilisée depuis un demi-siècle — on en a trop abusé peut-être — tant au cinéma qu'au théâtre (ainsi dans la pièce de Salacrou, *L'Inconnue d'Arras,* Ulysse qui s'est tué parce que sa femme le trompait revit en quelques secondes avant de mourir toute son existence [à rapprocher du film *Les Choses de la vie* avec M. Piccoli]). Il peut y avoir un présent, un premier passé et un second passé *(La Comtesse aux pieds nus),* et introduction d'un futur dans le présent à la place du passé *(flash-forward) (Les Nuits de Chicago).*

(8) Les unités de lieu, de temps et d'action sont par exemple respectées dans l'excellent film (en noir et blanc) de Sidney LUMET (1956), *Douze hommes en colère,* avec Henry Fonda, relatant l'affrontement de 12 jurés réunis dans une pièce pour délibérer sur le sort d'un jeune homme accusé de parricide.

C) *Le montage alterné.* — Il est fondé sur le parallélisme de deux ou plusieurs actions contemporaines : images juxtaposées montrant alternativement des personnages dans une discussion, un poursuivant et un poursuivi (comme dans les westerns et dans les films de chasse), etc. Les montages alternés rapides peuvent susciter chez le spectateur une émotion intense et le tenir en haleine en traduisant l'imminence du drame, de la fatalité : c'est souvent le cas dans les films hitchcockiens, tel *L'Inconnu du Nord-Express.* La séquence de la procession dans *La Ligne générale* est un célèbre exemple de montage alterné très élaboré : elle est construite sur une série de lignes de force visuelles, dramatiques et plastiques, montées en alternance qu'Einstein analyse lui-même ainsi (9) :

1) la ligne de force de la chaleur, augmentant d'une image à l'autre ;
2) la ligne de force des divers gros plans, croissant en intensité plastique ;
3) la ligne de force de l'extase croissante, montrée à travers le contenu dramatique des gros plans ;
4) la ligne de force des « voix » de femmes (visages des chanteuses) ;
5) la ligne de force des « voix » d'hommes (visages des chanteurs) ;
6) la ligne de force de ceux qui s'agenouillent sous les icônes qui passent (tempo ou *crescendo*) ; ce contre-courant anime un contre-courant plus ample qui interfère à travers le thème primaire — celui des porteurs d'icônes, de croix et de bannières ;
7) la ligne de force de ceux qui se prosternent, unissant les deux courants dans le mouvement général de la séquence, « du ciel à la poussière ».

(9) *The Film sense*, p. 65.

Des pointes brillantes des croix et des bannières dressées vers le ciel aux personnages prostrés plongeant leur tête dans la poussière...

D) *Le montage parallèle.* — Il est fondé sur le rapprochement symbolique de plusieurs actions en vue de faire surgir une signification de leur juxtaposition. La simultanéité temporelle des diverses actions n'est nullement nécessaire. On trouve un exemple type de montage parallèle dans *Intolérance*, de Griffith : quatre épisodes — la prise de Babylone par Cyrus, le massacre de la Saint-Barthélemy, la Passion du Christ, un drame moderne : la condamnation à mort d'un innocent aux Etats-Unis — tous menés de front sur un thème unique : l'intolérance sociale ou religieuse à travers les âges. « L'audace, écrit Jean Mitry (10), réside en ceci que ces quatre récits ne sont pas successifs mais *entremêlés*, l'auteur passant de l'un à l'autre selon la technique, alors toute neuve, du montage alterné. Pour le spectateur, tout se passe comme si chaque élément d'une histoire continuait dramatiquement l'élément de l'autre, des événements rejaillissant symboliquement les uns sur les autres dans un rythme de plus en plus « serré ». Exemple (séquence finale) : le mouvement affolé des chars de Cyrus et celui des roues d'automobiles se succèdent si précipités qu'à la limite ils se confondent par-delà les siècles dans la vision du spectateur. Psychologiquement contestable, naïf par certains côtés, un peu primaire aussi, ce film n'en demeure pas moins un des monuments du cinéma muet. Son rythme est prodigieux. « Autre exemple de rapprochement symbolique dans *La Mère*, de Poudovkine, entre la montée du peuple russe vers sa libération et les blocs de glace entraînés par le dégel de la Néva.

« Le cinéaste, écrit Marcel Martin (11), a de moins

(10) In *Dictionnaire du cinéma*.

(11) *Le langage cinématographique*, p. 283-284.

en moins tendance à découper son film de manière à mettre en relief une suite d'événements unilinéaire et univoque ; il ne souligne plus par le montage ou les mouvements d'appareil ce sur quoi il désire fixer l'attention du spectateur ; la caméra ne joue plus son rôle habituel consistant à nous donner sur tout événement le point de vue d'un témoin virtuel et privilégié et à faciliter ainsi la besogne perceptive et la paresse intellectuelle du spectateur [...]. L'abandon du *langage* conçu comme un ensemble de procédés d'écriture liés à la technique, tel que le pratiquaient Eisenstein ou Welles, s'accompagne donc d'un rejet du *spectacle*, notion liée à celle de mise en scène [...]. Nous passons à un autre plan : le cinéma de scénaristes fait place au cinéma de cinéastes. Le cinéma ne consiste plus essentiellement à raconter une histoire au moyen d'images, comme d'autres le font avec des mots ou des notes de musique : il réside dans la nécessité irremplaçable de l'image, dans la prépondérance absolue de la spéficité visuelle du film sur son caractère de véhicule intellectuel ou littéraire.

« Dans ces films résolument « modernes », le spectateur n'a plus l'impression d'assister à un spectacle tout préparé, mais d'être reçu dans l'intimité du cinéaste et de participer avec lui à la création : devant ces visages offerts, ces personnages disponibles, ces événements en train de se faire, ces points d'interrogation dramatiques, le spectateur connaît l'angoisse créatrice. »

De tels films proposent assez fréquemment une richesse de réflexions sur notre devenir, concernant un peu toutes les sphères, toutes les dimensions de notre existence. Ils nous invitent à rêver, à méditer sur un chemin novaliséen qui se fait en cheminant, une route sans balises, où le probable se mêle constamment à l'incertain et à l'inattendu. Au cinéma — comme au théâtre — le sens n'est jamais donné au spectateur, il est toujours en projet, toujours à construire. Cette idée de changement, on la retrouve au théâtre dans la narrativité brechtienne, en opposition à la conception dramatique aristotélicienne du récit, où toutes les parties dépendent l'une de l'autre, s'articulent parfaitement entre elles et sont subordonnées au dénouement.

La difficulté de rationaliser, d'homogénéiser et de conclure peut dérouter le spectateur, non préparé à l'inattendu, à miser sur l'improbable, à penser de façon complexe (12). Et il est beaucoup plus facile d'éduquer un acteur que le public, car ce dernier n'est pas homogène et il appréhende les signes diversement.

Les films dans lesquels « le spectateur connaît l'angoisse créatrice » ne vont pas sans rappeler, de par la structure du récit, le processus de narration les réflexions de Michel Salomon : « Rien n'est simple. Rien n'est joué, aucun résultat n'est jamais acquis et les mutations les plus déconcertantes peuvent nous faire dériver à tout moment vers de nouveaux horizons, terres promises ou mirages, triomphes inespérés ou impasses... » (13). Et aussi le théorème général évoqué (14) par Ilya Prigogine : « Aucun système, quelle que soit sa complexité n'est structurellement stable. Aucun n'est à l'abri de transformations liées à l'introduction de nouveaux acteurs, de nouvelles perspectives. Il n'y a pas de fin de l'histoire. »

(12) Parmi les grands penseurs contemporains ayant eu un vif souci de synthèse, les plus marquants sont sans doute Einstein et Teilhard de Chardin (morts en 1955) : parlant de ce dernier M. Amadou Mahtar M'Bow disait à un colloque de l'UNESCO : « Sa pensée, telle une partition musicale, ne peut s'entendre par fragments séparés. »

(13) *L'Avenir de la vie*, Ed. Seghers, p. 29.

La vie, l'évolution des événements, se caractérisent par des périodes de continuité interrompues par des bifurcations. Lorsqu'on parvient à un point de bifurcation, plusieurs solutions sont possibles, il suffit qu'un petit phénomène appelé « fluctuation » intervienne pour favoriser préférentiellement l'une des évolutions... Ce qui donne le démenti au proverbe peul : « Si tu connais hier et aujourd'hui, tu connaîtras demain. »

(14) *Ibid.*, p. 69-70.

CHAPITRE IV

DE LA PENSÉE DE L'AUTEUR A L'IMAGINATION CRÉATRICE DU SPECTATEUR

Ainsi que l'a écrit Renato May « le cinéma est un art de collaboration et le film, l'œuvre d'un seul ». Excepté le cas où l'on a affaire à des auteurs complets, tels Chaplin, Clair, Eisentein, Keaton, Stroheim, etc. et à certains représentants de la Nouvelle Vague, le problème se pose alors de savoir quel est le maître d'œuvre de cette entreprise collective ; pour Jeanson, il ne fait pas de doute que l'auteur d'un film, c'est son scénariste ; pour d'autres c'est l'acteur principal (ne dit-on pas un film *de* Fernandel, *de* Gabin, *de* Marylin Monroe ?) ; plus rarement, le public attribue un film à l'auteur de l'adaptation ou à celui du texte parlé, à l'auteur des compositions musicales, au responsable de la photographie, à celui des effets spéciaux, au décorateur (ce dernier joue parfois, cependant, un rôle déterminant : dans l'expressionnisme allemand, par exemple, et dans de nombreux films où se sont illustrés des décorateurs célèbres comme Max Douy, Bernard Evein, Alexandre Trauner, Cedric Gibbons, Lyle Wheeler, Mario Carbuglia ; *Excalibur* est un bon exemple de film récent (1981) où les trouvailles appartiennent bien plus aux décorateurs et aux costumiers qu'aux scénaristes). Enfin, surtout aux Etats-Unis, le producteur peut être considéré comme l' « auteur du film », au même titre que le réalisateur : c'est le cas pour Stanley Kramer *executive producer* de *Le Train sifflera trois fois* réalisé par Fred Zinnemann. Pour ce qui nous concerne, nous admettrons — sauf exceptions et dans un souci de simplification — le metteur en scène comme étant l'auteur du film, faisant nôtres les propos de Christian-Jaque : « Le véritable auteur d'un film est le réalisateur, de même que le scénariste est l'auteur du scénario. Le réalisateur est le réalisateur-auteur du film qui est une œuvre figurative *originale* n'ayant aucun rapport avec l'œuvre littéraire. Faites réaliser le même scénario par deux metteurs en scène différents vous aurez deux films différents. Ce qui prouve bien que l'auteur du film est bien le réalisateur. » Ainsi dirons-nous : *Des gens comme les autres :* film américain *de* Robert Redford *avec* Donald Sutherland, Mary Tyler Moore, Judd Hirsch, Timothy Hutton...

Certes, de même qu'une partition porte un concert en puissance, un scénario, œuvre littéraire, porte un film en soi, mais le metteur en scène avec les acteurs, les décorateurs, les costumiers, les éclairagistes, le photographe, etc., ont plus tard la possibilité d'en faire jaillir autre chose et davantage que ce que le scénariste avait écrit.

Un certain nombre de metteurs en scène, comme Julien Duvivier, Edouard Molinaro, etc., sont à l'aise dans tous les genres et leur production très abondante ne se réfère à aucun style défini : il est vain d'y chercher l'expression d'une pensée, voire d'un tempérament, d'une réelle continuité ou d'une répétition. Mais presque toujours l'auteur se raconte dans ses œuvres et il fait toujours le même film : les œuvres sont toutes plus ou moins autobiographiques et il y a répétition et répétition. Les réalisateurs, comme tous les créateurs (peintres, musiciens, sculpteurs), quelles que soient les tendances dans lesquelles on les classe, font semblant de raconter le monde extérieur, alors qu'ils se racontent eux-mêmes et le monde intérieur de la pensée des hommes. Il y a coïncidence entre les idées d'un auteur et celles de son personnage ou la présentation de son œuvre. En réalité, par pudeur, il est exceptionnel qu'un artiste se « mette à nu » totalement dans son œuvre; une part d'intimité est toujours préservée. Et lorsque les créateurs ont exprimé tout ce qu'ils avaient à dire, ils ne font que se répéter (les tableaux de Chagall, les pièces d'Anouilh après son *Antigone*, celles d'Ionesco après *Le roi se meurt* et *La Soif et la Faim* [les mêmes thèmes sont repris avec des sujets différents]) : « L'artiste fait son monde et « me le donne à voir » (c'est mon affaire de m'y complaire ou de le fuir). Il l'a fabriqué à ses dimensions, qui sont variables. Son importance, aussi évidente que difficile à cerner, tient à l'étendue et à la richesse de son monde » (1). « La vie, dit Breton dans *Nadja*, est un cryptogramme. Les cinéastes le déchiffrent à leur manière et leurs œuvres sont d'autres cryptogrammes dont les signes parlent à certains spectateurs, restent muets devant les autres. » Et Georges Lukacs : « Les grands cinéastes sont ceux qui posent et poursuivent des problèmes qu'ils n'ont pas eux-mêmes dépassés. » Les cinéastes réalisent à travers la caméra les désirs refoulés de leur enfance ou de leur âge adulte (le refoulement est l'un des moyens mis en œuvre par le sujet pour échapper à l'angoisse, laquelle est engendrée par la menace de perdre l'objet aimé ou par tout conflit menaçant la sécurité du sujet). Comme tous les artistes, ils ne sont heureux que lorsqu'ils créent; ils ne se réalisent pleinement que dans l'action, en exerçant leur liberté créatrice, selon le thème sartrien. Et leurs œuvres donnent l'impression d'une incroyable souplesse évasive, d'une légèreté aérienne, d'une facilité négligente. On ne sent jamais l'effort, l'application, la fatigue, le travail, donnant au contraire l'apparence d'un jeu...

(1) Jean JACQUES, in *Les Confessions d'un chimiste ordinaire*, Ed. Fayard, 1981, p. 170.

Lors du tournage ils se défoulent, jouent (toute création est un acte ludique, un jeu élaboré), éprouvent des émotions fortes difficiles à distinguer, d'ailleurs, de celles que nous, spectateurs, ressentons « passivement ». Cela est particulièrement caractéristique chez Fellini et Stroheim. Il est flagrant que Fellini presque toujours se raconte lui-même (2) (souvent par l'entremise de Marcello Mastroianni, son interprète-fétiche) (3) ; ainsi Renzo Renzi écrit à propos des *Vitelloni*, parlant de Fellini : « il a superposé ses propres complexes à des épisodes qui lui rappelait, de manière déformée, sa mémoire, non pour raconter autrui mais pour se raconter lui-même. Des « Vitelloni » comme ceux de Fellini n'existent pas. Mais il existe un état d'âme analogue, de défiance et d'aspirations insatisfaites, de révolte... Cet état d'âme fut, en somme, la plus véridique explication du film ». Un bon metteur en scène explore les thèmes, les sujets qui le préoccupent et l'obsèdent, et cela dans un style qui lui est bien particulier. Ainsi Antonioni est obsédé par la fragilité du couple, l'impossibilité de l'amour, l'incommunicabilité entre les êtres, l'univers féminin ; Bergman, par la vie, la mort, l'amour, le sexe, l'homosexualité (ses films, comme ceux de Dreyer, font souvent appel aux sortilèges de l'eau) ; Liliana Cavani a des fantasmes de sexualité et de mort ; les films de Vittorio de Sica sont inspirés des préoccupations sociales de l'époque ; ceux de Richard Brooks sont courageux et virulents, et pour Orson Welles et Samuel Fuller, la violence est mise au rang d'esthétisme ; Akira Kurosawa aime les affrontements, les contrastes saisissants (l'esthétique, pour ce très grand cinéaste, tient lieu de morale) ; les thèmes

(2) FELLINI, par exemple, donne vie à ses obsessions et à ses fantasmes dans la comédie dramatique, *Le Casanova de Fellini*, où un peuple de monstres et de fantômes hante un univers étrange.

(3) Nombre de grands cinéastes ont (ou ont eu) leurs comédiens-fétiches : tandems Fellini-Mastroianni, William Dieterle-Paul Muni, Jean-Daniel Pollet-Claude Melki, Edouard Molinaro-Jacques Brel...

familiers de Howard Hawks, dans ses westerns, sont justice et injustice, courage et lâcheté ; Georges Lautner est un spécialiste de films policiers et d'espionnage, d'humour noir ; Hitchcock est le maître du « suspense » ; John Ford excelle dans les westerns (il est aussi un grand auteur intimiste) et Michael Curtiz dans les aventures maritimes ; Marcel Carné est un maître du réalisme « poétique », Jean Cocteau des « images-surprises » jaillies de l'inconscient, Jacques Tati dans l'art de la poésie, Mankiewicz dans celui de l'introspection ; les œuvres de J. Donio-Valcroze sont toutes en nuances et en subtilité, d'une élégance suprême ; celles d'Eric Rohmer révèlent une grande subtilité et une grande finesse dans l'analyse psychologique ; les qualités essentielles des films de Jean Grémillon sont le réalisme, la sobriété, le sens aigu de la vérité humaine ; et le thème cher à René Clément est l'homme prisonnier de lui-même, la difficulté à vivre, le courage pour « rester debout »... — au vrai, si l'on retrouve des tendances, certes (le hiératisme de Mizoguchi, le souffle épique de Kurosawa (4), l'intimisme d'Ozu, l'introspection onirique de Terayama, l'anticléricalisme et l'érotisme, thèmes les plus chers à Buñuel...), il n'en reste pas moins qu'aucun cinéaste, aucun artiste en général, s'il est grand, ne se laisse enfermer dans une classification rigoureuse qui prétendrait restituer sa dominante. Cette réserve faite, tout cinéaste, comme tout créateur, nous révèle à travers ses œuvres, ses pensées, ses émotions, ses angoisses. Il a la liberté de choisir son sujet, mais non de le traiter et de s'exprimer sans révéler sa personnalité, sans trahir ses propres pensées et ses émotions (5). En fait,

(4) La grande énigme pour Kurosawa : l'homme fait tout ce qu'il peut pour être malheureux, se retrouve dans tous ses films comme thème principal.

(5) Le peintre Basil Hallward déclare par exemple : « Tout portrait peint avec sentiment est le portrait de l'artiste et non celui du modèle. Ce dernier n'a servi que de prétexte. Ce n'est pas lui que le peintre représente, c'est le peintre lui-même qui se révèle sur sa toile. » Ainsi retrouve-t-on l'humour de Duchamp, la violence de Hartung, l'imaginaire de Stella...

Georges SIMENON s'en défend ardemment, affirmant que l'art est au il est comme enfermé dans un cube en verre : dans ce cube, il évolue librement mais ne peut s'en échapper et se soustraire au regard de l'observateur — comme Albee, il n'en finit pas d'explorer les frontières du monde parfaitement clos où il est — ou nous sommes tous — enfermés.

On a dit que, lorsqu'un film était terminé, l'œuvre se suffisait à elle-même et le spectateur n'était pas indispensable, contrairement à une pièce de théâtre, création en puissance seulement en l'absence de spectateur. Cette affirmation serait tout à fait exacte si, pour son « analyse », l'auteur d'un film n'éprouvait nullement le besoin d'être écouté et observé, faisant litière de l'interaction classique entre le « psychanalysé » et le « psychanalyste » (sans parler de la « micropsychalyse » de Silvio Fanti et de ses disciples, qui consiste, entre autres, à se trouver beaucoup plus en compagnie du patient !). Liliana Cavani, femme cinéaste, dit : « Spectatrice au cinéma comme au théâtre, je veux être surprise par ce que je vois. Sinon, j'ai l'impression d'écouter un concert, un discours pour la centième fois. Cela ne m'empêche pas de préférer certains moments à d'autres, mais je veux recevoir une impression immédiate pour savoir si le spectacle sera fort ou non [...]. Dans mes films, l'horreur est une catégorie esthétique. Je n'y mets pas de provocation, mais une volonté de surprendre, pour faire réagir [...]. Je fais le cinéma que j'aimerais voir à l'écran, assise dans une salle. Pas plus que cela » (6). On note avec plaisir que Liliana Cavani, contrairement à beaucoup de cinéastes — et aux acteurs de théâtre jusqu'au siècle dernier — fait ce qui lui plaît tout en se préoccupant de son public. Elle veut agir et

contraire une « extériorisation ». Mais n'y a-t-il pas des ressemblances évidentes entre la vie de Simenon et celle de ses personnages ? (nous pensons, par exemple, aux relations avec les femmes et au comportement sexuel du Pr Gouin [Georges Marchal], dans *Maigret se trompe*).

(6) Propos recueillis par Colette GODARD, *Le Monde*, 28 mai 1981, p. 21.

porter un jugement sur cet acte, être dans l'action, puis en dehors. Au cinéma, comme ailleurs, il n'y a pas de mauvais sujets, seulement de mauvaises façons de les traiter. Ce qui importe c'est l'art et la manière de les aborder. Peu importe si l'on retrouve fréquemment les mêmes thèmes : les relations difficiles entre un père et sa fille, rétive, dure, agressive, irréductible, fermée sur elle-même (*La Gifle*, de Claude Pinoteau avec Lino Ventura et Elisabeth Adjani, *Un étrange voyage*, d'Alain Cavalier avec Jean Rochefort et Camille de Casabianca, *Tout Feu tout flamme*, de Jean-Paul Rappeneau avec Yves Montand et Isabelle Adjani), l'amour fou et impossible d'un adolescent et d'une jeune femme mariée (*Le Diable au corps*, de Claude Autant-Lara, *Thé et Sympathie*, de Vincente Minnelli, *La Maison des Bories*, de J. Donio-Valcroze).

Le spectateur aime qu'il y ait un rapport d'harmonie, sympathie entre ses propres idées, son jugement, ses convictions personnelles et ce que l'auteur exprime (même très objectivement) (cela est vrai pour toute œuvre de création). Choqué par une œuvre, une image, une pensée, le « receveur » n'a pas toujours la largesse d'esprit suffisante pour dire « le film est bon, bien interprété, bien qu'il me choque ». Ces remarques expliquent sans doute nombre d'insuccès : ainsi l'échec commercial, aux Etats-Unis, du beau film de Michel Cimino, *La Porte du Paradis*, le spectateur ayant du mal à se sentir concerné et ne pouvant s'identifier avec les personnages (le spectateur est dans l'impossibilité de s'assimiler à un personnage si celui-ci est trop individuel, trop exceptionnel) ; de même le film de Samuel Fuller, *Le Démon des eaux troubles (The Big Red one)*, fut mal accueilli à l'époque (1953) aux Etats-Unis. D'autres exemples abondent : *M. Victor*, de Jean Grémillon ; *Casque d'or*, de Becker, avec Simone Signoret, etc. Pourtant de bons réalisateurs n'hésitent pas à tourner des films qui dérangent, culpabilisent, offrent l'occasion d'un retour sur soi-même ou posent des interrogations (*Eugenio*, de Luigi Comencini, *Sauve qui peut la vie*, de Jean-Luc Gaudard, *Enquête sur une passion*, de Nicolas Roeg...). Ils refusent de faire la moindre concession au spectacle, se soucient peu du grand public et ne tentent jamais de le séduire. Dans ce cas, il faut reconnaître que si l'on applaudit parfois à l'écriture originale et brillante voire à l'exercice de voltige, l'absence de cœur et d'émotion font souvent cruellement défaut et explique sans doute l'insuccès notoire de films tels que *Betty* de Chabrol, *Le Festin nu* du Canadien Chronenberg, *Toutes peines confondues* de Michel Deville ou *Kafka*, deuxième film du jeune Stève Soderbergh, pourtant Palme d'Or à Cannes en 1989. Une œuvre, et singulièrement une tragédie (comme l'avait déjà remarqué Racine), exige une certaine « distanciation », un certain éloignement dans l'espace ou dans le temps. Pour des raisons plus complexes, de nombreux films aujourd'hui célèbres (*La Fin du monde, Citizen Kane, Hiroshima mon amour, L'Année dernière à Marienbad, Huit et demi, Les Portes de la nuit, Le Joueur de flûte de Hamelin...)* n'ont été des succès que de nombreuses années après leur sortie ; ces films sont restés longtemps incompris, les réalisateurs étant probablement trop en avance sur leur époque. Peut-être le film de Fellini, *La Cité des femmes*, peu apprécié aujourd'hui (l'inconscient du spectateur n'a pas réagi à l'inconscient du réalisateur, il n'y a pas eu accord, écho, résonance), sera-t-il plus tard un succès, lorsqu'on s'intéressera de plus en plus aux divagations et aux fantasmes felliniens et lorsqu'on connaîtra mieux le mécanisme du rêve (en l'occurrence le rêve dans le train de Mastroianni) : accompagnement déformé, déguisé, d'un désir oublié, refoulé, production d'images inexplicables qui s'imposent hors de toute logique *mais selon une symbolique déchiffrable*. De tels films requièrent du spectateur une « participation de rêve à rêve » (J. Delay). Il en va de même des réalisations de grands cinéastes, dont les symboles touffus sont difficilement déchiffrables : *Possession*, d'Andrezj Zulawski, *Fantôme d'amour*, de Dino Risi, *La Vie des marionnettes*, d'Ingmar Bergman, *Shining*, de Stanley Kubrick, etc. Personne ne peut affirmer que de tels films sont appelés à retourner à l'oubli ou à être plus tard des succès (7). Car le cinéma, comme le fait remarquer Bresson, n'est pas un spectacle, mais un langage avec une syntaxe et un style : il y a une différence entre *s*avoir *l*ire et *S*avoir *L*ire (difficulté de *S*avoir lire → difficulté de comprendre un film, de suivre la pensée du réalisateur) ; chacun a pu se rendre compte que, si l'on voit un film *n* fois, on l'interprète de *n* façons toutes différentes, selon le moment psychologique, son état du moment... et d'ailleurs (nous le verrons plus loin) presque jamais comme l'avait pensé l'auteur du film. (« C'est le spectateur qui devient le metteur en scène, c'est lui qui la crée », note Mamoulian). D'une façon générale, les œuvres d'art contemporaines sont délibérément conçues pour être interprétées de différentes manières, pour être abordées par le public selon des angles et des niveaux de lecture divers : le *Livre* de Mallarmé, les romans de James Joyce (*Ulysse* et *Finnegans Wake*, en particulier), la musique de Pierre

(7) En ce qui concerne le théâtre, il est frappant de constater que très peu de pièces ont résisté à l'épreuve du temps. La plupart des œuvres dramatiques sont aujourd'hui tombées dans l'oubli. « Nous rejetons en bloc tout le théâtre de la fin du XIXe siècle et des quinze premières années du nôtre » (Emile Henriot) : ainsi Alfred Capus, l'acteur comique le plus applaudi du début du siècle, est aujourd'hui complètement oublié. En revanche, l'*Ubu roi*, de Jarry, d'abord hué par le Tout-Paris a été accueilli avec enthousiasme par le public soixante ans plus tard.

En ce qui concerne la peinture, les tableaux de La Tour ou de Nattier très appréciés il y a trente ou quarante ans ne le sont guère aujourd'hui. Ceux de Vermeer, très recherchés à notre époque, seront-ils autant prisés dans quelques décennies ? La musique est soumise aux mêmes fluctuations de la mode (ainsi les œuvres de Mendelssohn sont moins appréciées qu'autrefois). Et en littérature, à l'exception de Balzac, les contemporains de Stendhal n'ont pas su reconnaître à l'écrivain le caractère et l'importance de son œuvre, qui allait étendre progressivement son rayonnement.

Boulez *(Troisième Sonate pour piano)*, les sculptures mobiles de Calder... sont très représentatifs de ce type d'œuvres mouvantes (voir *L'Œuvre ouverte* de Umberto Eco). Une œuvre artistique dépend moins de l'œuvre que de la personne à qui elle s'adresse (8) : l'appréciation dépend de l'individu, de son passé (un effet de rémanence marque inévitablement et indélébilement l'imagination et la mémoire de chacun de nous), de son éducation, de sa race, de son environnement, de son humeur du moment : ainsi dans un ouvrage sur Van Gogh, l'auteur commence son livre en retraçant ses souvenirs d'enfance, ses jugements d'abord portés sur le peintre : « il y avait de grosses taches de couleurs, des coups de pinceau, des surépaisseurs, ce n'était pas lisse... j'avais rejeté ce peintre... » : pour un enfant, il faut qu'une toile soit lisse, bien structurée, que la représentation soit tout à fait conforme à la réalité courante, à tout le moins à sa vision des choses. Le jugement varie donc aussi avec l'âge, la maturité. Roger Caillois écrit (9) : « L'idée de la beauté semble varier avec les goûts, c'est-à-dire avec les latitudes, les époques et même avec les individus. Les esthétiques dérivent de l'accoutumance, de l'éducation. Elles divergent au point qu'on les dirait contradictoires. Chaque culture propose insidieusement à l'homme des inclinations inavouées, qu'il croit naturelles et qui viennent de l'histoire ou de l'école. Le monde sensible n'est jamais perçu qu'à travers un écran qui influe sur la manière de voir et qui suggère de secrètes préférences, lesquelles s'excluent en principe. » Et il ajoute : « D'où vient cependant qu'il soit possible que l'œil se laisse

(8) Toute critique, tout jugement porté sur une œuvre artistique a un caractère éminemment subjectif et n'a donc qu'une valeur toute relative : les goûts sont souvent partagés. Mais l'interprétation des phénomènes collectifs, dans le cadre de la « psychologie des foules », n'est pas toujours aisée : comment expliquer, par exemple, que le très bon film de J. DEMY, *Une chambre en ville*, ait été boudé par le public ?

(9) *Esthétique généralisée*, Ed. Gallimard, p. 19.

apprivoiser par un art des antipodes ou d'un autre âge, qui reposent visiblement sur des choix opposés ? Il faut un support commun au consentement presque unanime, sans quoi il demeurerait inexplicable que certains rapports de grandeur, certains accords de couleurs paraissent si généralement harmonieux, provoquent un tressaillement complice, tandis que d'autres, non moins généralement, *déplaisent*, c'est-à-dire trahissent une obscure et irrémédiable discorde. » Et Jean Jacques écrit (10) : « Personne n'oserait entreprendre de démontrer que la connaissance à laquelle il *(l'art)* contribue peut trouver sa confirmation dans ou par l'épreuve du temps. L'importance à un moment donné, accordée à tel peintre, tel musicien, sculpteur, architecte *(ou cinéaste)* ne prouve rien quant à la qualité de son œuvre. Le renom auprès des contemporains, la faveur des mécènes, le montant des commandes ou des prix marchands, le nombre des élèves ou des imitateurs ne mesurent que l'importance sociale d'un phénomène artistique daté. Ces intéressantes données aident à tracer, en fonction des latitudes et des années, la courbe des variations du goût qui dévalue ou valorise, presque toujours provisoirement, les œuvres passées par rapport aux présents qui se succèdent. »

De même qu'il n'y a pas une réalité mais une infinité de réalités — la « Réalité absolue », totale, qui intégrerait toutes les vérités élémentaires (partielles) est inaccessible —, de même il n'y a pas une logique, mais une infinité de logiques. La logique des films hitchcockiens est toujours inattendue, d'où l'intérêt de ces films, mais tout aussi vraisemblable que la logique pour laquelle le concept précède le percept. Chez Hitchcock le percept est toujours en avance sur l'idée que l'image exprime. C'est ainsi que le miracle du film de Franklin J. Schaffner, *Patton*, c'est que

(10) *Les Confessions d'un chimiste ordinaire*, Ed. du Seuil, p. 133-134.

l'on peut l'interpréter comme une satire antimilitariste ou bien comme l'apologie de ce général haut en couleurs. Les exemples abondent d'interprétations possibles se situant aux antipodes des idées de l'auteur. Nombre d'artistes — notamment des « avant-gardistes » révolutionnaires (abstraits, surréalistes, etc.) — dont la renommée a été surfaite, ont bénéficié largement — et sans doute à leur grand étonnement — de l'interprétation que le public a fait de leurs œuvres et des prolongements qu'il en a donnés (force est de constater que, si en science, la révolution [d'ailleurs permanente] est synonyme de progrès, en matière d'art, révolution est souvent synonyme de catastrophe).

Alain Virmaux écrit (11) : « C'est que le spectateur de cinéma se trouve placé dans une situation très particulière, à mi-chemin de la conscience et de l'inconscience : comme le rêve, le film s'installe dans une sorte d'hallucination consciente, née des conditions mêmes de la représentation (obscurité, faisceau lumineux, musique d'accompagnement). Corollaire : beaucoup plus facilement que le langage courant, *le film peut se permettre de répudier la logique.* Pour nous en convaincre, Jean Goudal citait un vers de Philippe Soupault,

> « Une église se dressait éclatante comme une cloche. »

Analysant la construction de l'image, l'auteur de cette étude démontrait sans mal que, pour un lecteur, elle est difficile à accepter logiquement, mais que, si *le cinéma nous montre une église éclatante, puis, sans transition, une cloche éclatante, notre œil acceptera cette succession.* Il ajoute que cette vision, immédiatement agréée par nous, sans référence à un mécanisme logique, correspondra bien mieux que le poème écrit au processus cérébral qui a suggéré l'image au poète.

(11) *Surréalisme et Cinéma,* coll. « Etudes cinématographiques », t. I, p. 106.

Si *je raconte* — disait de même Cocteau — *qu'un homme entre dans un miroir, on hausse les épaules, mais si je le montre, alors on hausse plus les épaules.* « Et l'on sait à quel point Cocteau, honni des surréalistes, avait été habile à assimiler leurs leçons. » Dans son *Esthétique généralisée* (12) Roger Caillois écrit par ailleurs : au début, on demande au discours comme au tableau d'être exacts, c'est-à-dire de *correspondre précisément à ce qu'ils entendent exprimer ou représenter.*

« Puis l'on s'aperçoit que l'art est dans la *façon* de dire ou de figurer, non point dans ce qui est dit ou reproduit, de sorte que l'exactitude immédiate cesse de passer pour le mérite principal. On soupçonne, on découvre les vertus de la suggestion, de la réticence, du détour, en un mot les ressources de l'art, et aussi ses droits. On en admet désormais les audaces, les libertés. Celles-ci, de *tolérées*, deviennent *exigibles*, bientôt obligatoires. Cette démarche est heureuse, essentielle, *constitutive* de l'art même. Elle ne saurait non plus s'interrompre. Elle doit aller jusqu'au bout de sa lancée. Elle a pour conséquence que, très vite, dans l'évaluation du mérite artistique du texte ou du tableau, entre un élément nouveau, qui est la difficulté d'en atteindre le sens, en sorte que le peintre et le poète sont amenés à le dissimuler. Par raffinements et recherches où ils démontrent leur sérieux et prouvent qu'ils ne se contentent pas de répéter de vaines recettes, ils diffèrent chez le lecteur ou l'amateur le plaisir de pénétrer tout de suite leur secret. De fait, ce plaisir est d'autant plus vif qu'il récompense une plus longue initiation. Aussi les auteurs sont-ils portés à accumuler les obstacles. Ils s'éloignent de l'expression directe, de la représentation fidèle [...]. C'est alors que le pas décisif est franchi : l'artiste coupe court à ses

(12) Ed. Gallimard, p. 32-33.

démarches ardues et *pose d'emblée* le résultat ou du moins *l'improvisation* fulgurante qui en tient lieu.

« Libre à l'amateur de l'interpréter à sa guise et de s'obstiner à chercher la signification absente, la clé d'une énigme qui n'en est plus une. » Les réflexions précédentes concernent la poésie et la peinture, mais pourraient tout aussi bien s'appliquer au cinéma, à l'art en général (13). On est loin, dans le bon cinéma contemporain, du cinéma d'autrefois avec ses longueurs, la naïveté de ses scénarios, ses outrances et cabotinades des acteurs, ses récits « prédigérés » : aujourd'hui les images *montrent* plutôt qu'elles ne *racontent ;* au spectateur il appartient de déchiffrer le réel d'un monde tel qu'il est, en devenir, avec ses incertitudes, ses mutations, et non de déchiffrer un monde construit en images : il est beaucoup plus libre et son activité mentale est beaucoup plus passionnante, mais en contrepartie plus difficile. Comme le souligne Henri Agel (14) : « Autrefois, une séquence s'articulait sur la précédente et amorçait la suivante, conformément à une progression dramatique impeccable : un plan formait avec le plan antérieur et celui-ci avec tous les autres une construction dont la rigueur mathématique flattait le goût de l'équilibre et l'amour de la dialectique. Mais il se trouve que l'homme n'est pas seulement un être bâtisseur et dialectisant, il se trouve — et toute l'existence du roman postérieur à Joyce en particulier, est là qui en témoigne — que l'homme est avant tout peut-être et fondamentalement cet être inachevé, toujours en mue, qui se cherche et qui hésite, tâtonnant dans un univers qui lui-même me semble jamais entièrement donné. » Et Marcel Martin de

(13) Les chansons des Beatles n'avaient pas de sens. Ce qu'on y trouvait dépendait de ce qu'on y cherchait.

(14) Du film en forme de chronique, *Revue des Lettres françaises*, n° 36-38.

remarquer (15) : « La notion de spectacle fait place à celle de contemplation par la réintroduction de l'*objectivité* du cinéaste et de la *liberté* du spectateur. Je veux dire essentiellement que ce qui apparaît sur l'écran redevient semblable à ce qui a été filmé, car découpage et montage jouent de moins en moins leur rôle habituel d'analyse et de reconstruction du réel ; au contraire, la profondeur de champ et le montage lent, en réintroduisant l'espace et le temps réels, et le statisme de la caméra, en cessant de faire d'elle un personnage du drame, tendent à donner des événements et des choses une image de plus en plus objective et réaliste. Le monde est présenté par blocs entiers, massifs et pleins, dans leurs dimensions spatiales et temporelles ; il n'est plus offert au spectateur tout découpé, tout assimilé, tout « digéré » pourrait-on dire ; le spectateur n'est plus prisonnier du découpage et du montage, il a l'impression d'assister à des événements en train de se faire sous ses yeux avec leurs temps morts, leurs longueurs, leurs détours, leurs ambiguïtés, leurs obscurités : mais le réalisme et l'intensité de la vision du monde qu'on lui propose l'induisent à un état psychologique qui relève de la contemplation et de la fascination dans la mesure où il est à la fois directement concerné par l'action mais également étranger à elle en vertu de l'objectivité nouvelle de ses rapports avec l'univers du film [...]. Son autonomie (celle du spectateur), sa liberté, étant ainsi respectées, sa participation est à la fois plus délibérée (c'est à lui de faire l'effort de pénétrer dans l'univers qui lui est présenté) et plus difficile (car le monde de l'écran, répétons-le, ne lui est plus offert tout assimilé comme il l'était à l'époque du montage-roi) [...]. Le spectateur a l'impression que l'événement se fait sous ses yeux et qu'il assiste à la genèse

(15) *Le Langage cinématographique,* Les Editeurs Français Réunis, p. 280-281.

d'une action dramatique à laquelle le réalisateur le laisse parfaitement libre de *participer*, d'*adhérer* — ou non. » La liberté et la valeur de jugement du spectateur sont fonction de sa maturité d'esprit et de sa culture, singulièrement de son habitude au langage visuel, qui diffère du langage verbal auquel il est familiarisé. Devant l'image l'attitude du spectateur peut ainsi se schématiser :

image → percept (attitude passive) (16)
concept → percept (dans les mauvais films)

et, dans les cas les plus favorables :

percept → sentiments

ou :

percept → concept → émotions → réactions affectives diverses (quelquefois psychomotrices [activité onirique])

La situation des personnages « en devenir » et imprévisibles (17), recherchée par les cinéastes d'aujourd'hui, on la retrouve parfois jusque dans la dernière image du film, laquelle n'est alors pas une conclusion mais une amorce de prolongement de l'histoire : ainsi dans le film de Claude Berri, *Un moment d'égarement*, comment s'achève l'idylle entre une adolescente, Françoise (Agnès Soral) et un homme de quarante ans, Pierre (Jean-Pierre Marielle) ? De tels films sans conclusion fermée, on en trouve encore maints exemples chez Claude Lelouch *(la Bonne Année)*, Michel Drach *(Elise ou la Vraie Vie)*, Lam-Le *(Rencontre des nuages et du dragon)*, de même chez Yasujiro Ozu et Kenji Mizoguchi.

(16) Grâce à l'ordinateur, les images ne sont plus intouchables : elles sont interactives ; le créateur propose et le spectateur dispose, celui-ci pouvant agir sur les images.

(17) Dans le film de Pierre GRANIER-DEFERRE, *Le Toubib* (incarné par Alain Delon), pouvait-on prévoir qu'Harmonie (Véronique Jannot), atteinte de lésions irréversibles des poumons et condamnée à brève échéance, devait mourir en sautant sur une mine ? Dans de tels films, le probable n'exclut nullement le possible.

Dans les bons films, le concept est toujours en retard sur le percept : les films d'Hitchcock, *Le Train sifflera trois fois* (de Zinnemann), *Le Dernier Train de Gun Hill* (de J. Sturges) sont des exemples types — le suspense, l'émotion vont *crescendo.* Le spectateur ne peut jamais prévoir ce qui va se passer et il se trouve en permanence dans la situation de Louis Pasteur lorsque l'illustre chimiste J.-B. Dumas avait demandé au savant d'étudier la maladie du ver à soie : « Tant mieux que vous ne sachiez rien sur la question — écrivait Dumas à Pasteur (18) — vous n'aurez d'autres idées que celles qui vous viendront de vos propres observations. » Et l'on sait, d'ailleurs, toute la place accordée à l'imprévisible, à l'inconnu — seul créateur — par le surréalisme (la création ne résulterait pas d'une excellente connaissance du passé et du présent). Les grands films sont généralement des histoires simples, mais, comme dans toutes les grandes créations, la simplicité n'est qu'apparente et elle dissimule un énorme travail de recherche et d'élaboration : le thème est mince, très souvent la vie dans sa complexité quotidienne, le nombre de personnages restreint (deux ou trois) et chacun peut « voir » son propre film : témoin *Mon oncle d'Amérique*, de Resnais, *La Fille prodigue*, de Doillon, *Un étrange voyage*, de Cavalier, *Un mauvais fils* et *Une histoire simple*, de Sautet, *La Constante*, de Zanussi, *Pourquoi pas nous ?* de Berny...

Les émotions vives nous délivrent momentanément de nos angoisses. A nos obsessions se substituent d'autres obsessions. Et le spectateur éprouve de plus en plus, semble-t-il, le besoin d'être d'abord surpris, étonné et de frémir de façon physique, voire d'être brutalisé, puis ensuite rassuré (19). C'est probable-

(18) Lettre du 6 juin 1865.

(19) Walter Benjamin reconnaît au cinéma un pouvoir thérapeutique : « Le cinéma est la forme d'art qui correspond à la vie de plus en plus dangereuse promise à l'homme d'aujourd'hui. Le besoin de s'offrir à des effets de choc est une adaptation de l'homme aux périls qui le menacent. »

ment ce qui explique que les films d'horreur (comme *La Peau,* de Cavani, ou *Apocalypse now,* de Coppola) ou les films d'épouvante (nés de l'expressionnisme allemand puis des films américains noirs : *Vendredi 13,* de S. Cunningham, *Terror eyes,* de K. Aughes, *Mother's day* de C. Kaufman, etc.) soient très en vogue aujourd'hui (surtout appréciés par un public dont la moyenne d'âge ne dépasse pas trente ans) (20). Ce phénomène n'est pas nouveau : au cours des années qui suivirent la crise économique de 1929, Hollywood proposa au public des comédies musicales, films d'invitation au rêve et à l'évasion, des films d'épouvante, pour échapper à la réalité *(Dracula, Frankenstein, La Momie, Freaks King Kong...),* des films comiques (avec Laurel et Hardy, W. C. Fields, les frères Marx) atteignant au surréel et grâce auxquels les spectateurs pouvaient s'adonner, à travers les protagonistes, à leurs pulsions de mort et de destruction.

Le cinéma permet à chaque spectateur de se raconter, de se voir vivre, de se juger. Il nous révèle de nombreux désirs insoupçonnés (« il y a beaucoup de choses que nous pourrions désirer dont nous n'avons pas idée »). Comme le souligne le président Ronald Reagan : « C'est le cinéma qui nous révèle à tous, non seulement comment nous nous exprimons et à qui nous ressemblons mais, plus important encore, ce que nous ressentons. » Ecoutons Barthélemy Amengual (21) : « Qui se raconte se voit, se regarde dans celui à qui il raconte comme en un miroir », et, analysant

(20) On peut s'interroger sur les conséquences et l'impact de la découverte, prévue en l'an 2000 ou plus tôt, de substances psychotropes donnant une conscience plus profonde du Beau ! Les informaticiens nous habituent déjà à une nouvelle esthétique, celle de l'ordinateur capable d'inventer et de fabriquer les décors et les comédiens, de créer des films à partir de modèles mathématiques et sans l'intervention de caméras et d'objets réels (voir *Sciences et Avenir,* décembre 1981, p. 56 : « L'ordinateur fait du cinéma », et *Science et Vie,* octobre 1982, p. 52 : « Le cinéma synthétique »).

(21) *Clés pour le cinéma,* Ed. Seghers, p. 108-109.

les propos de Richter : « Debout devant le miroir je me dis avec terreur : je veux voir à quoi je ressemble dans ce miroir quand j'ai les yeux fermés », Amengual ajoute : « Richter met là-dedans une terreur que seul pourrait justifier le caractère apparemment insensé de l'expérience. Mais le désir qui l'inspire n'a que rien de très naturel. Il veut se voir les yeux fermés, c'est-à-dire tel qu'il est quand ce n'est pas lui qui se regarde. Il veut se voir comme les autres le voient tel qu'il est pour les autres. Il veut sortir de lui-même et devenir autrui. C'est ce rêve que le roman veut combler, le roman, et, beaucoup mieux, le cinéma dont les récits sont dotés de l'être même de l'événement. Aussi bien Valéry donne-t-il cette parfaite définition de la fonction du cinéma : *« Le cinéma répond à merveille au dessein ou au besoin de l'homme de se voir vivre. »* Car, devant un film, comme devant un roman, je me dépersonnalise. Je du film. Je vis à sa place, dans son monde. Et comme je suis à la fois dans la salle et sur l'écran, je me vois vivre. Quand je pars, je me vois partir de dos, je puis me mettre à la fenêtre pour me voir passer dans la rue. *« L'auteur dramatique, confie Sartre, présente aux hommes l'eidos de leur existence quotidienne : il leur montre leur propre vie comme s'ils la voyaient de l'extérieur. »* Se voir peut d'ailleurs signifier parfois ne pas se voir. Si je désire du plus fort de mon âme connaître ce que sont ma vie ou les êtres qui importent à ma vie quand ma présence n'est pas là pour leur imposer cette inévitable « relation d'indétermination » théorisée par Heisemberg, je puis rêver d'une approche du monde qui ait l'objectivité radicale du cinéma. » Chaque homme est angoissé par l'idée de la solitude, de l'inconnu, de la mort — de sa mort — et il éprouve un besoin constant d'être aimé et de se sentir exister, vivre. Il projette sur les autres ses propres pensées, ses émotions, ses sentiments, et le contact direct (ou imaginaire) avec ses semblables le rassure, lui prouvant son existence réelle. Voir et écouter les autres, c'est finalement se voir et s'écouter (nous sommes tous plus ou moins narcissiques). Le besoin de se voir est aussi attaché au besoin conscient ou inconscient de se mieux connaître afin de se mieux juger. S'il arrive parfois que nous ayons horreur des miroirs et de se regarder, c'est peut-être parce que ceux-ci nous renvoient impitoyablement l'image (même si elle est inversée droite ⇄ gauche) de notre vieillissement, qui nous rappelle à l'idée de notre mort, en tout cas nous répugne, car le vieillissement va à l'encontre de notre désir de plaire, c'est-à-dire finalement à notre besoin d'être aimés.

Pour chaque film, il y a autant d'interprétations possibles que de spectateurs ; cela est dû à la complexité de la vie, où rien n'est absolu mais tout en demi-teintes, et à la relativité des choses. René Clair écrit poétiquement, dans *Rythme :* « La pensée rivalise de vitesse avec le défilé d'images. Mais elle retarde et, vaincue, subit la prise. Elle s'abandonne. L'écran, nouveau regard, s'impose à notre regard passif... Galope (la pensée), cavalière. Deviens statue, maison, jeune chien, sac d'or, rivière roulant des chênes. Je ne sais plus t'isoler au milieu de ton royaume, ô chasseresse », mais il conclut : « Blonde, vous levez la tête et votre chevelure dévoile votre visage. Ce regard, ce geste, je puis leur donner un sens de mon choix. Vous êtes à moi, chère illusion d'optique. A moi cet univers recréé dont j'oriente à mon gré les aspects complaisants. »

Au cinéma il n'y a pas une Logique mais des logiques, il n'y a pas une Vérité mais des vérités, il n'y a pas d'opposés, de contradictions, la pensée dite rationnelle s'évanouit, et, comme le dit André Breton dans le *Second Manifeste du surréalisme :* « Tout porte à croire qu'il existe un certain point de l'esprit d'où la vie et la mort, le réel et l'imaginaire, le passé et le futur, le communicable et l'incommunicable, le haut et le bas cessent d'être perçus contradictoirement. Or, c'est en vain qu'on chercherait au surréalisme un autre mobile que l'espoir de détermination de ce point. » Objet et sujet, continu et discontinu, contraires ou oppositions deviennent des aspects d'une même réalité.

L'image filmique suscite chez le spectateur un sentiment de réalité (beaucoup de personnes *voient* ce qu'elles *croient* voir), d'où une *participation* « active » totale ou affectée d'esprit critique (chez le spectateur le plus évolué), d'où il découle la notion de *contenu apparent* ou *explicite* (directement lisible) de l'image et de *contenu latent* ou *implicite* de cette dernière (lecture, éventuelle, au second degré). « Nous pouvons prendre une certaine « distance » devant les choses, écrit Jean Mitry (22). Non point certes comme dans la vie réelle puisque cette vie à laquelle nous participons est insérée dans un devenir qui ne nous appartient pas et qu'elle est soumise à des conditions que nous ne découvrons qu'au fur et à mesure. Mais nous pouvons du moins prendre un certain recul, nous détacher des événements tout en les observant, les juger. Si nous leur sommes soumis, c'est dans la mesure où nous les *vivons* et plus du tout dans la mesure où leur *vécu* nous est *imposé.* Nous pensons et agissons avec les personnages tout en réfléchissant sur leurs actes parce que nous éprouvons ceux-ci et mesurons leur contingence [...]. Nous avons l'impression que peut-être nous pourrions modifier le cours des choses. En même temps que nous prenons un certain recul devant les actes ou les comportements, nous y participons davantage. Au lieu d'être introduits dans une réalité fictive par la seule puissance du « fait filmique » nous vivons un simulacre de réalité. Notre « conviction » est établie par le sentiment d'actualité agissante que nous procurent les

(22) *Esthétique du cinéma*, Editions Universitaires, p. 37.

événements considérés. En un mot notre participation est plus « active » ». Et toujours en ce qui concerne la participation du spectateur, Barthélemy Amengual écrit (23) : « Quoi qu'il en soit, il faut bien un minimum d'accord entre les sollicitations du film et nos dispositions intimes. S'il appartient à chaque spectateur de faire chanter le film-instrument selon ses moyens, doit-on cacher que nombre de films sont violons sans cordes ? Justement, Ado Kyrou donne aussi le conseil d'enrichir le film avec nos propres fictions. Si nous y projetons nos fantaisies, nos désirs, nos obsessions, c'est à un tout autre film que celui qui se déroule pour les autres, sur l'écran, que nous pourrons assister. Ces bandes ainsi recomposées, pourquoi d'ailleurs ne pas les emporter avec nous hors de l'écran, les mêler à notre vraie vie ? *(n'est-ce pas d'ailleurs ce qui se passe ? Nous le verrons plus loin)* [...]. *Pendant* la projection, notre participation est spontanée, voire obligatoire. Il suffit que l'œuvre soit capable de l'obtenir. Mais dans la négative, notre refus aurait plutôt tendance à l'inverse des dispositions si favorables dont Kirou fait état, à l'appauvrir encore davantage. » Outre un phénomène de participation, il se produit un phénomène d'*identification* (24) avec les personnages, un mécanisme psychique — habituel et normal chez l'enfant — par lequel nous nous confondons avec d'autres personnes. Nous « nous prenons » pour nos héros familiers et nous fixons pour idéal de leur ressembler. Le spectateur rapporte à lui directement les images de l'écran et peut ainsi s'identifier aux personnages et aux situations où ils sont impliqués. Il y a transformation de la

(23) *Surréalisme et Cinéma,* « Etudes cinématographiques », t. II, p. 210-211.

(24) Le processus d'identification peut s'exercer également chez l'acteur, lorsque celui-ci, complètement pris par son rôle, se met à vivre son personnage. Voir *Les grandes découvertes de la psychanalyse,* Ed. Tchou/Laffont, en particulier : *L'identification, l'autre, c'est moi* et *La Sublimation, les sentiers de la création.*

personnalité. Dans son étude approfondie sur l'effet cathartique, D. Barrucand parle ainsi des (ou du) processus de la prise de conscience et de l'émotion : « La prise de conscience (distance) ne succède pas à l'émotion *(identification)*, car le compris est en rapport dialectique avec l'éprouvé. Il y a moins passage d'une attitude (réflexive) à une autre (existentielle) que des oscillations de l'une à l'autre, parfois si rapprochées que l'on peut quasiment parler de deux processus simultanés, dont l'unité même est cathartique. » « Le spectateur, écrit Marguerite Bonnet (25), éprouve les réactions et les sentiments des héros, s'identifie totalement à lui ; il a vécu le film du dedans, si l'on peut dire, et ne l'a pas regardé comme un spectacle. On est bien loin de ce qu'on appelle habituellement la critique : ce qui compte, c'est de sentir, d'être troublé, ému, et non de juger au nom de critères esthétiques ; la frontière entre l'œuvre et la vie doit s'abolir. » Les formes et les degrés de l'identification aux héros des actions représentées — fantasmes déguisés — sont infinis.

La pensée du spectateur, comme celle de notre vie courante, est conditionnée par le conscient et par l'inconscient, c'est ce que nous explique Jean-E. Charron (26) :

« Tout ce que nous avons vécu depuis notre naissance a transité par notre Esprit, laissant sur lui des souvenirs conscients ou subconscients. C'est l'ensemble de ces souvenirs qui façonne à chaque instant la pensée que nous allons avoir, la parole que nous allons adresser à autrui, l'action que nous allons effectuer. C'est cet esprit qui nous fait aimer ou détester [...]. Notre corps est porteur de milliards d'*éons*. Ce sont ces éons, et eux seuls, qui contiennent ce qu'on nomme notre esprit. Chacun d'eux possède une mémoire plongeant des millions d'années dans le passé, souvenir d'existences successives vécues à travers de très nombreux organismes évolutifs. Cette mémoire aux multiples racines, racontant des expériences toutes différentes, *c'est notre inconscient*. Un grand

(25) *Surréalisme et Cinéma*, « Etudes cinématographiques », t. I, p. 86.

(26) *Le Figaro-Magazine* du 22 décembre 1979 (Jean-E. CHARRON est l'auteur de *L'Esprit cet inconnu* et *Mort, voici ta défaite* [Ed. Albin Michel]).

nombre de ces éons, ceux qui ont accompagné notre vie d'un bout à l'autre, de notre naissance à notre mort (ceux appartenant à l'ADN de nos cellules nerveuses par exemple), ont par ailleurs, tous en commun la mémoire de ce que nous avons vécu depuis notre naissance, c'est-à-dire un ensemble d'informations sur notre vie vécue, formalisé au moyen de nos préjugés et de notre langage : *c'est notre conscient.* Conscient et inconscient constituent la personnalité humaine. En fait, la personnalité, le moi, de tout organisme vivant, de l'amibe à l'homme. »

Au cinéma, le spectateur est à mi-chemin entre le rêve et la réalité. Il est à la fois dans un état conscient et inconscient : conscient, ce qui lui permet de voir les images, d'appréhender le langage filmique, de réfléchir et de juger l'art du réalisateur ; inconscient, d'où un univers apparemment illogique, irrationnel dans lequel rejaillissent désirs et frustrations refoulés.

Que se passe-t-il après la projection ? « C'est affaire de film, écrit Barthélemy Amengual (27) — qui peuvent envoûter ou non. C'est plus encore affaire d'âge. Gamin, j'ai vécu d'entières semaines avec tous les personnages des films que je pouvais voir. Avec les héroïnes, je recommençais leurs aventures, je les prolongeais, je les corrigeais. J'en rêvais de nouvelles — qui finissaient mieux — et, les ayant déracinées, je les repiquais dans mon univers familier. Plus tard, j'ai voulu retrouver ces billes du songe parmi les vivants qui m'entouraient et, à défaut de l'archétype, à tout le moins un contre-type. Combien de fois me suis-je retourné sur des cheveux, une voix, des yeux, une silhouette, un pas, qui étaient ceux de Marthe-Micheline Presle, de Loulou-Louise Brooks, de Marylin-Chérie ? Longtemps, j'ai gardé au cœur la révolte ambiguë du *Jour se lève*, la fête amère de *L'Opéra de quat' sous*, le bonheur « malgré tout » d'Unrath dans *L'Ange bleu* — ces exemples entre cent autres. On s'en doute, cela m'est passé malheureusement, mais jamais, même aux plus « beaux » jours, je n'ai

(27) *Surréalisme et Cinéma*, « Etudes cinématographiques », t. II, p. 211.

reconnu ni merveille ni paradis dans ces déchirantes enquêtes. »

Il est assez fréquent, en effet, que ce phénomène d'identification évoqué plus haut persiste après la projection, surtout chez les jeunes : c'est l'adolescente qui imite consciemment ou inconsciemment son héroïne préférée (ses gestes ou attitudes, sa coiffure, sa manière de s'habiller, etc.) ; ce jeune garçon qui imite le cri de Tarzan ou de l'adolescent qui souhaiterait tellement avoir les tempes grises de séducteur mondain, afin de ressembler à Piccoli, Paul Newman, Gary Cooper ou Stewart Granger.
L'acteur Larry Hagman — qui a incarné J. R. Ewing dans la fameuse série américaine *Dallas* — a su entrer parfaitement dans la peau du personnage odieux qu'on lui a donné (28), au point que la police de Los Angeles et des gardes du corps sont obligés de le protéger et d'assurer la protection de sa famille. Il dit : « C'est la première fois dans l'histoire de la télévision américaine que le public identifie à ce point un personnage haïssable et l'acteur qui le joue [...]. Je suis actuellement l'homme le plus détesté des Etats-Unis, et je dois prendre au sérieux les innombrables menaces qui pèsent sur moi. » Des exemples foisonnent de personnes qui ne séparent pas le cinéma de la réalité : c'est le cas de John Warnock Hinckley, l'agresseur du président Ronald Reagan (à Washington, le 30 mars 1981). Hinckley, amoureux de la jeune actrice Jodie Foster, du film *Taxi Driver*, a cherché à impressionner la jeune fille et à attirer son attention sur lui. Il s'est identifié à l'acteur Robert De Niro (meilleur acteur du film *Raging Bull*), lequel, pour se venger de la société, tente, dans *Taxi Driver*, d'assassiner un candidat à la Présidence des Etats-Unis.

(28) Certains acteurs (Roger Hanin dans des films de Molinaro, par exemple) ont remarquablement incarné des personnages haïssables.

CHAPITRE V

THÉÂTRE ET CINÉMA. LITTÉRATURE ET CINÉMA

I. — Théâtre et cinéma

Le cinéma a longtemps été considéré, par les grands hommes de théâtre, qui furent et demeurent encore pour la plupart de grands cinéastes, comme un art mineur, un théâtre au rabais. A l'exception du cinéma muet, qui relève de la « théâtralité » et de quelques chefs-d'œuvre, les films des années trente n'étaient que de simples pièces filmées, soumises à la tyrannie du verbiage et des « mots d'auteur », le texte entendu se substituant alors au texte ou au dialogue dits devant un public par des acteurs physiquement présents. Il faut rendre hommage à quelques rares penseurs lucides, notamment à Cocteau, qui comprirent très vite que le cinéma parlant était une autre forme de théâtre, possédant ses propres moyens d'expression, loin d'être, comme le prétendait Pagnol, un procédé technique permettant de « mettre le théâtre en conserve », les significations verbales demeurant essentielles. Dans l'évolution de l'art théâtral, on constate en fait, que le texte n'a pas toujours été considéré comme un élément majeur, à tout le moins pouvant être dissocié des composantes capitales de l'action. Ainsi dans la commedia dell'arte, où les mots sont simplement murmurés. Chez Grotowski, partisan d'un « théâtre du dépouillement total », le choix est radical : l'acteur est le seul élément dont one ne peut se passer (1) ; cette idée étant reprise par d'autres metteurs en scène comme Stanilawski : l'acteur est « source créatrice de vie artistique et d'émotion vraie », par Vitez : « Le monde entier est représentable dans le corps, dans *un* corps », etc. Mais nombre d'hommes de théâtre ont une vision plus synthétique des choses, assez semblable à celle des grands cinéastes : ils estiment que le verbal et le visuel forment un tout indissociable. Ainsi Artaud rêve d'un théâtre total, composé d'acteurs (avec leurs gestes, leurs mouvements, leurs cris), de musique, d'éclairages, et, dans une bien moindre mesure il est vrai, d'un texte... IL rêve d'un spectacle total, d'un cérémonial, d'une fête « où le théâtre saura reprendre au cinéma, au music-hall, au cirque et à la vie même ce qui, de tout temps, lui a appartenu ». De même, pour Ionesco, l'expression verbale, les « mots qui arrêtent et paralysent la pensée » (selon Artaud) ne sont nullement des éléments essentiels de l'action : « La progression dramatique résulte de l'enchaînement des images obsessionnelles, du langage, des gestes, de la liberté des jeux de scène qui prennent le pas sur le mot devenu simple soutien de l'imagerie dynamique. » Peter Brook s'attache à mettre en valeur un texte par la vigueur et la beauté d'une image, en accordant une grande importance au décor, aux costumes, à la musique d'accompagnement. Ce souci de réaliser une synthèse de la poésie, de la musique, de la danse, de la mise en scène, on le retrouve chez Wagner et bien d'autres, désireux d'accroître la réceptivité des spectateurs et la communication immédiate (conscience et inconscient collec-

(1) L'acteur n'est pas seulement l'élément unique dont on ne peut se passer. Il est, comme tout artiste, et à la différence d'un scientifique, irremplaçable : sans Mozart une de ses symphonies n'aurait jamais existée (sans E. Gallois ou Einstein, la théorie des ensembles ou celle de la relativité auraient été inventées plus tard).

tifs) entre ceux-ci et les acteurs, mettant à profit toutes les ressources du verbal et du visuel pour faire d'une représentation théâtrale une fête, un spectacle audio-visuel à part entière. Svoboda s'est révélé l'un des maîtres dans l'art d'utiliser la lumière pour construire l'espace, compléter ou remplacer le décor, susciter l'atmosphère, isoler ou rassembler (comme en gros plan au cinéma) les acteurs. De même qu'au cinéma toute durée doit être accompagnée d'un acte concret, en tout cas d'une image de l'espace, de même au théâtre toute durée doit être soutenue par une expression verbale. Au théâtre, le silence devient rapidement insupportable, même si celui-ci est l'expression suprême du langage, même si l'on ne se comprend que lorsqu'on ne parle pas : c'est sans doute ce qui explique, en partie tout du moins, l'échec de certaines pièces, de Tardieu ou de Mauriac, par exemple : de telles pièces, surtout si elles sont difficiles (comme *Le Père humilié* de Mauriac) sont alors mieux adaptées à la lecture qu'à la scène. Il ne faut évidemment pas confondre silence et « inexprimé » : chez Claude Vildrac ou Jean-Jacques Bernard, par exemple, rien n'est dit, tout est suggéré, comme c'est le cas chez beaucoup de cinéastes et d'écrivains d'aujourd'hui. Ibsen pose des questions sans donner de réponses. Brecht nous fait prendre conscience des problèmes que pose la réalité de la vie, ses pièces ayant d'ailleurs un sens immédiat et un sens plus caché que nous devons déchiffrer. Gatti a, dans ses pièces, plus volontiers recours — comme c'est l'usage au cinéma — aux syncopes et allusions qu'au discours. La difficulté est, tout en exprimant des idées philosophiques, en s'orientant selon son tempérament vers un symbolisme poussé de faire vivre des personnages — objectif primordial — de donner un théâtre vivant et dramatique qui ne soit pas réservé qu'à une élite intellectuelle. Des idées philosophiques sont beaucoup mieux reçues en littérature qu'au théâtre ou au cinéma (la plupart des œuvres dramatiques étrangères et même françaises ne sont connues que par la lecture). A l'opposé du théâtre d'idées, il y a l'interprétation réaliste et naturaliste des œuvres dramatiques, donnant une image bien terne de la « tranche de vie » : c'est la conception aristotélicienne (réalisme des objets, du monde sensible), consistant simplement à copier, à chercher, à imiter la vie (s'oppose, notamment, aux idées de Shakespeare et d'Evreinov selon lesquelles « la vie est partout empreinte de « théâtralité » »). Brecht, Piscator, Strehler, Littewood... ont parfaitement compris que le théâtre devait chercher à restituer la vie, mais à travers des conventions, selon un esthétisme et non à donner l'illusion du réel. L'art théâtral consiste aujourd'hui à styliser plutôt qu'à copier, à suggérer plutôt qu'à imposer : on assiste donc au recours à des solutions intermédiaires entre la précision et l'exactitude de Kazan, Visconti, etc., et les excès d'inspiration symboliste, expressionniste, surréaliste ou abstraite des années 1920-1930.

« L'abandon du naturalisme et le choix d'une mise en scène suggestive, en libérant l'imagination et en rendant la scène à l'esprit présupposent que le spectateur, comme en face d'un tableau cubiste ou abstrait, saura faire le chemin nécessaire pour trouver la signification derrière le signe. Signe allusif ou appuyé, qu'importe : ce n'est pas dans le choix des moyens scéniques ni même dans leur utilisation que réside l'orientation de la mise en scène, mais dans une communauté d'intentions : elle s'accommode aussi bien du dépouillement de Vilar et de l'exubérance de Chéreau que de la minutie rationaliste de Planchon et du sens de la fête de Mnouchkine » (2). « Ce qui compte le plus au théâtre c'est le latent, l'enfoui, l'informulé et à la fois le pluriel du texte et de l'image » (J. Lassalle) et « Dire sans discourir, montrer sans démontrer, raconter l'histoire sans s'y enfouir » (Copfermann).

« C'en est fini du monde — et du théâtre — où tout s'explique, où tout se définit. Racine s'acharnait à ramener à la conscience claire les états d'âme les plus troubles : la démarche est inverse

(2) Michel CORVIN, *Le Théâtre nouveau en France,* PUF, « Que sais-je ? », n° 1072, p. 100, 1987.

depuis une cinquantaine d'années. Des différents plans de conscience, le plus riche désormais c'est celui où se situent les rêves, les angoisses de l'homme devant l'absurdité du monde, le sentiment d'une culpabilité, sans cause, les puissances de l'imaginaire et les déformations de la mémoire. Le réel n'est plus seulement complexe, mais discontinu. Les divers plans de conscience s'interpénètrent, se chevauchent sans se laisser reconnaître ; le principe d'identité est aboli : le même est l'autre, le rire est larme ; le temps n'est plus senti comme homogène, uniforme, mais la durée étant liée à la subjectivité d'une conscience déchirée, présent et passé se confondent dans l'immobilité de l'instant. D'où le sentiment d'une dérision, d'une duperie. L'homme ne connaît plus qu'une parodie d'existence. Chacun se trouve enfermé dans un réseau d'apparences et de faux-semblants, incapable d'entrer en communication et d'instaurer le moindre dialogue avec autrui, fût-ce au niveau des vérités les plus élémentaires » (3). « Il est question non d'émouvoir le spectateur, mais de le traumatiser, non de l'aider à penser, mais de lui fournir un matériau brut et inerte auquel le public, en créateur, est requis de donner le sens que l'auteur se garde bien d'imposer ou même de proposer. Les œuvres évitent de se développer selon une ligne progressive dont la tension contiendrait le germe d'une signification [...]. Evénement et non récit, choc et non réflexion sur le drame, les pièces en appellent aux sens plus qu'à l'intelligence ; elles comptent sur leur pouvoir d'agression pour obliger le public à entrer en contact avec elles » (4).

On ne peut que constater les rapports étroits entre le théâtre et le cinéma. Dans l'un et l'autre de ces deux arts, on retrouve, notamment, depuis une cinquantaine d'années, l'influence de Freud et de Pirandello : importance de l'inconscient, mystères de la personnalité, rapports du réel et de l'imaginaire, etc. Les problèmes graves de l'incommunicabilité entre les êtres, de l'impossibilité de l'amour et de saisir le Moi véritable, les drames de la solitude en toute circonstance, de la difficulté à vivre, de l'homme dans son infinie diversité, voire de l'angoisse devant l'absurdité de la vie, on les retrouve chez Salacrou, Anouilh, Adamov, Strindberg, Billetdoux, Beckett, Ionesco,

(3) Michel CORVIN, *Le Théâtre nouveau en France*, PUF, « Que sais-je ? », n° 1072, p. 9.
(4) Michel CORVIN, *Le Théâtre nouveau à l'étranger*, PUF, « Que sais-je ? », n° 1136, p. 51.

Montherlant, Camus, Lorca, Alberti..., tout comme chez Antonioni, Fellini, René Clément, Bergman, etc.

Ainsi, le sujet du beau film d'Ingmar Bergman, *Sonate d'automne,* pourrait convenir au théâtre : un lourd conflit affectif se fait jour entre une mère et sa fille : l'ancienne admiration qu'Eva (Liv Ullmann) portait à sa mère, Charlotte (Ingrid Bergman), s'est peu à peu transformée en agressivité haineuse. Au vrai, nous sommes persuadés que ce conflit œdipien serait restitué, à la scène et à l'écran, sous deux formes différentes : entre autres raisons majeures : le théâtre bénéficie de la présence de deux actrices (avec réceptivité optimale de la libération de leurs forces psychiques et physiques), et le cinéma, quant à lui, peut offrir des gros plans de visages torturés par la souffrance morale, gros plans que les maquillages et les effets d'ombres et de lumières ne peuvent remplacer. Cinéma et théâtre se touchent et s'éloignent : cela est bien évident quand on revoit l'excellent film de Julien Duvivier, *Marie Octobre,* construit comme une tragédie classique (unité d'action, de temps et de lieu).

Nous en revenons à l'idée fondamentale que le théâtre et le cinéma sont des arts à part entière, et, qu'étant des moyens d'expression différents, ils ne peuvent qu'exprimer différemment les mêmes choses, même si l'on retrouve les thèmes courants — par exemple d'un côté les bons et de l'autre les méchants, qui, au dénouement, subissent un châtiment mérité — aussi bien chez Brecht ou Giroudoux (dans *La Folle de Chaillot,* par exemple), comme dans les mélodrames classiques, que dans les westerns de pure tradition. Il est remarquable de constater que nombre de grands metteurs en scène (Meyerhold, Brecht, Piscator, Gatti, Salacrou, Rozewicz, Planchon, Bernstein, Miller, etc.) ont su, dans leurs pièces, préserver les caractères spécifiques du théâtre tout en s'inspirant largement des techniques cinématographiques : projections, décomposition des pièces en une suite de tableaux plus ou moins dramatiques, recours aux syncopes et allusions plutôt qu'aux discours, exposition différée, retours en arrière, réversibilité du temps, juxtaposition des lieux... Piscator, Meyerhold, Brecht, etc., empruntent l'utilisation des projections cinématographiques pour donner au théâtre une vision réaliste du monde : l'œuvre dramatique de Brecht, par exemple, se fixe pour mission non pas d'entraîner le spectateur dans un univers magique, mais au contraire de lui permettre de prendre conscience des problèmes que pose la réalité de la vie. Les autres procédés filmiques, tels les retours en arrière ou la réversibilité du temps, semblent bien adaptés au théâtre (même si l'on a souvent prétendu le contraire [*La Mort d'un commis voyageur* de A. Miller]) : en effet, cet art se fonde « sur une fiction consentie de la pensée » (Paul Arnold) ; l'acteur a une présence physique et objective, mais il vit dans un monde imaginaire, et au bout du compte la réalité est une réalité de « convention », une réalité comprise. Louis Jouvet a bien saisi toute l'importance de ces rapports pirandelliens entre le réel et l'imaginaire : « Le théâtre est fait pour apprendre aux gens qu'il y a autre chose que ce qui se passe autour d'eux, que ce qu'ils croient voir ou entendre : qu'il y a un *envers* à ce qu'ils croient être l'endroit des choses et des êtres, pour les révéler à eux-mêmes — disait-il » (avec Brecht, Vilar, entre autres, Jouvet est partisan de l'éloignement, de la distanciation [l'acteur doit avoir une « seconde lucidité »]). Le cinéma, au contraire, semblerait, *a priori*, mal adapté à l'usage de telles techniques, opposées à une vision réaliste du monde, à une illusion des sens aboutissant à une réalité directement perçue. Mais, loin d'être un art passif, il fait appel, outre à l'illusion des sens, à l'accord complice de la pensée du spectateur, à la liberté de celui-ci pour faire exister des fictions.

Théâtre :

présence de l'acteur → paroles → sentiments issus d'une réalité comprise
physique, objective
et « dramatique »
et monde fictif

Cinéma :

présence de l'acteur → images → sentiments issus d'une réalité perçue
avec espace et décor
(présence du monde)

« le théâtre n'apporte pas au spectateur, comme le cinéma, une image toute construite (c'est le spectateur qui va la focaliser et la cadrer) ni une image abstraite, mais un être à la fois présent et absent ; et de cette présence-absence, il va bien falloir qu'il s'arrange. A chaque instant la perception du spectateur oscille, et c'est ce va-et-vient du présent à l'absent, du maintenant au passé, du réel à la figure, du jeu à la fiction qui constitue à la fois le travail psychique et le plaisir du théâtre. Va-et-vient qui n'est pas sans rappeler le jeu de la bobine de célèbre mémoire freudienne » (5).

Tout artiste (au contraire d'un scientifique) a besoin d'un public (fût-il réduit à un seul amateur dans le cas d'une projection cinématographique) — et nombre d'artistes, par ailleurs remarquables, ont besoin d'applaudissements constants et d'un public qui leur répète qu'ils sont admirables. Le théâtre implique nécessairement la présence de spectateurs, en nombre suffisant, actifs et talentueux : c'est-à-dire capables de donner de leur énergie aux acteurs et d'entrer volontiers dans le jeu de la représentation.

« Le public du dramaturge est une personne collective physiquement convoquée dans un lieu conçu et aménagé pour la célébration d'un rite culturel de communion sociale. Ce rite serait inopérant sans la présence magnétique de l'acteur, laquelle n'aurait elle-même aucun effet devant une salle vide. Les applaudissements — ou les sifflets — sont le signe accrédité par l'usage de ce réseau d'échanges charnels. Le spectateur d'un film peut s'éprouver angoissé, attendri, saisi d'horreur ou pris d'hilarité, on ne voit

(5) Anne UBERSFELD, Le texte dramatique, *Le Théâtre*, Ed. Bordas, p. 106.

pas qu'il songe à applaudir les images projetées sur l'écran, fussent-elles la photographie littérale d'*Othello* ou de *La Mégère apprivoisée* » (6).

Au théâtre le public n'est jamais isolé, « il forme un corps où les regards de chacun réagissent sur les regards de tous ». Il existe des échanges multiples et complexes entre les émetteurs et les receveurs mais aussi à l'intérieur même de l'auditoire : toutes ces interactions d'intelligence, d'amour et d'émotion entre observants et observés, visions multiples et mouvantes contribuent dans une large mesure à faire d'une pièce de théâtre une création unique, éminemment non reproductible, et qui disparaît avec son public. Un film est une œuvre non périssable en soi, mais néanmoins soumise aux jugements d'un public divisé, non homogène, aux mouvances, aux changements réversibles ou non de la mode et des goûts.

II. — Littérature et cinéma

Un bref examen du délicat problème de l'adaptation à l'écran d'une œuvre littéraire, de la mise en forme cinématographique, nous permet de donner un aperçu des nombreuses ressemblances, mais aussi des divergences considérables qui existent entre les deux formes de langage.

Le cinéaste peut se contenter de s'inspirer de l'histoire littéraire et de la suivre pas à pas : « il reproduit l'équilibre et les centres d'intérêt de l'original » (Karel Reisz), le film étant seulement représentation, illustration d'un récit, transcription de langage à langage. Mais la fidélité à l'œuvre originale est exceptionnelle, sinon impossible. D'abord parce qu'on ne peut signifier visuellement des significations verbales, de même qu'il est pratiquement impossible d'exprimer avec des mots ce qui est exprimé avec des lignes, des formes et des couleurs. Ensuite parce que

(6) Robert Pignarre, *Histoire du théâtre*, PUF, « Que sais-je ? », n° 160, p. 6, 1991.

l'image conceptuelle, celle que la lecture fait naître dans l'esprit, est fondamentalement différente de l'image filmique, fondée sur un donné réel qui nous est immédiatement offert à voir et non à imaginer graduellement : « Le temps du roman est construit *avec des mots.* Au cinéma, il est construit *avec des faits.* Le roman suscite un monde tandis que le film nous met en présence d'un monde qu'il organise selon une certaine continuité. Le roman est un récit qui s'organise en monde, le film un monde qui s'organise en récit » (Jean Mitry). La fidélité d'une adaptation ne pose généralement pas de problèmes majeurs lorsqu'il s'agit de décrire de l' « extérieur », en témoins objectifs, n'émettant aucun point de vue subjectif, des personnages ou des événements ; la narration cinématographique se faisant avant tout sous forme d'un spectacle, d'une représentation, l'introduction de tout ce qui est abstrait, « intérieur », « contenu latent » ou subjectif pose tout de suite de graves problèmes : le film ne peut suggérer, révéler des caractères, faire naître des images mentales autrement que par une relation d'images et par la parole (7). On conçoit donc toute la difficulté, voire l'impossibilité de transposer une littérature éminemment psychologique. Ainsi peut-on expliquer les échecs dans les tentatives de transposition artistique de nombreux chefs-d'œuvre (*Les Misérables, Crime et Châtiment* [roman de Dostoïevski]...) et la quasi-impossibilité de porter à l'écran les héros stendhaliens (8), balzaciens ou proustiens (9), les narrateurs psy-

(7) Rouben MAMOULIAN utilisa à l'écran, dès 1931, un procédé typiquement littéraire, le monologue intérieur, dans *Les Carrefours de la ville* (City Streets).

(8) Claude AUTANT-LARA a mis en images des romans de STENDHAL (*Le Rouge et le Noir,* par exemple), mais aussi de COLETTE *(Le Blé en herbe),* de Marcel AYMÉ, de Raymond RADIGUET, etc.

(9) L'image ne remplacera jamais le mot. Et Proust incarne la littérature absolue. C'est pourquoi Volker SCHLÖNDORFF a complètement raté son film *Un amour de Swann,* dans lequel il tente de retracer à l'image les affres d'un dandy amoureux et jaloux d'une coquette de salon.

chologues ayant su à la perfection éclairer leurs personnages du dedans avec une extrême finesse, précision et profondeur, mettre à nu les caractères, les idées, les rêves, les goûts et les cœurs des hommes.

La difficulté de l'adaptation réside aussi dans la nécessité de rendre le récit parfaitement intelligible à première vue (au contraire du lecteur de roman, le spectateur ne peut revenir en arrière, encore qu'il ait le loisir — et il ne devrait pas manquer d'en profiter pour les chefs-d'œuvre — de voir un film plusieurs fois, afin d'en saisir tous les aspects, toutes les subtilités qui auraient pu lui échapper lors des projections précédentes). En outre il se pose un problème de « temporalité » : il importe de rassembler le maximum de choses dans le minimum de temps, de tout exprimer par l'action en un temps limité ; d'où la nécessité de styliser, de supprimer une grande partie des éléments du roman que l'on adapte, pour ne conserver que l'essentiel dans l'action, ce qu'il y a de plus significatif dans les caractères. Et, en ce sens, ce choix est déjà un acte de création, l'adaptation fût-elle passive, hautement respectueuse et consciencieuse, comme celle des *Hauts de Hurlevent* par Wyler. Etant donné les moyens d'expression fondamentalement différents de la littérature et du cinéma, l'adaptation la plus scrupuleuse est nécessairement le passage d'un langage à un autre, une traduction, et, partant, une « trahison créatrice » selon l'expression de Robert Escarpit.

Il importe au scénariste (ou à l'adaptateur) et au réalisateur d'être fidèles à l'original (10), mais plus encore de faire œuvre d'art en « se préoccupant de l'expression par l'image et de l'apport qu'elle fournit », et en faisant vivre les personnages, pour qu'ils

(10) En ce qui concerne l'œuvre littéraire elle-même, il est fondamental, pour appréhender l'imagination et la vision de l'écrivain, de disposer bien sûr d'un texte authentique, mais aussi de l'ensemble des éléments qui le composent (brouillons, manuscrits, notes et corrections successives).

nous émeuvent, nous intriguent, nous surprennent, nous subjuguent... Ce fut le souci de Robert Bresson lorsqu'il adapta au cinéma le roman de Georges Bernanos, *Le Journal d'un curé de campagne :*

« Le roman de Bernanos — écrit Jean Sémolué (*Bresson,* Ed. Presses Universitaires) — est un long cri : dans son journal, le curé d'Ambricourt s'interroge, tantôt avec crainte, tantôt avec désespoir. L'angoisse parfois affleure, parfois déferle [...]. L'intensité de l'œuvre vient de ces séries de questions et de réflexions sur l'angoisse, qui constituent un élément de tragique à l'état pur. En la subissant, puis en la dépassant, le curé d'Ambricourt devient peu à peu un saint, « prisonnier de la sainte Agonie ».

« ... Dans l'adaptation [...], il fallait dominer l'aspect tragique, le rendre supportable sans l'adoucir, donner à l'histoire un aspect dramatique [...] qui n'est pas inexistant dans le livre, mais qui y reste peu apparent.

« Le problème était donc de renforcer la progression et la continuité du roman, sans en sacrifier le ton, le film restant surtout, comme son modèle, une longue méditation sur l'angoisse.

« Le lien des événements, comme dans le livre, n'est pas un simple lien de cause à effet ; c'est un lien interne : le film tout entier naît du journal. Nous voyons le curé l'écrire et nous entendons sa voix lui donner vie. Les événements extérieurs se succèdent en perdant leur contour propre et s'imprègnent de vie intérieure. Nous ne sommes pas détachés du curé d'Ambricourt comme nous le serions par un récit impersonnel. Le ton du journal intime est une justification esthétique et psychologique du film, comme il l'était du roman » (11).

Ce fut également le souci de Pierre Tchernia lorsqu'il réalisa son téléfilm *Le Voyageur imprudent,* d'après le roman de René Barjavel :

« Je sais — explique-t-il — que *Le Voyageur imprudent* est une œuvre d'un foisonnant lyrisme et que je me suis livré, dans le cadre d'une dramatique de télévision, le cœur fendu, à une affectueuse trahison envers Barjavel : au travers de son roman je me suis déplacé en voyageur imprudent. J'espère qu'il en restera le charme des personnages, la mélancolie du dénouement et l'envie de lire le roman. Je sais que les acteurs (excellente interprétation de Jean-

(11) Propos recueillis par Roger BOUSSINOT dans son *Encyclopédie du cinéma,* Ed. Bordas, p. 697.

Marc Thibault et Thierry Lhermitte) ont donné vie comme je le souhaitais aux personnages que j'ai adaptés (car l'adaptateur est un père adoptif) et je les en remercie. »

La plupart du temps, la mise en forme cinématographique est une re-création : le traducteur — outre le choix fondamental qui s'impose — fait œuvre personnelle et se manifeste non comme un « illustrateur » mais comme un véritable créateur : il puise son inspiration dans une œuvre littéraire — tout artiste puise sa pâte, sa matière brute dans le patrimoine culturel. Mais sans se soucier de demeurer fidèle à la lettre ou à l'esprit, il repense totalement son sujet quitte à lui conférer une vision très personnelle, sinon tout autre que celle du romancier. « L'adaptateur — disait Bela Balasz *(Der Geist des Films)* — ne doit utiliser l'œuvre existente que comme une matière première en la considérant sous l'angle spécifique de sa propre forme d'art, à lui, comme si elle était la réalité brute ; il n'a pas à s'occuper de la forme déjà conférée à cette réalité. » C'est ainsi que Murnau, Welles, Buñuel, Renoir ont toujours su tirer à partir d'une idée, d'un sujet, une œuvre entièrement renouvelée, une création éminemment personnelle, et non une simple caricature plate, terne et sans âme de l'original. Si beaucoup d'écrivains se désintéressent de l'usage que le cinéma peut faire de leurs œuvres, d'autres, au contraire, sont très soucieux d'en préserver le sens et les significations. Georges Simenon est sans doute très exigeant lorsqu'il déclare qu'il ne regarde jamais les adaptations au cinéma de ses livres (quelque 58 films de Renoir, Fellini, Duvivier, Clouzot), estimant qu'il est fort désagréable pour lui de voir à l'écran ses personnages différents de ceux qu'il imaginait dans ses livres. Ce désir ne peut être satisfait, il ne peut s'agir là que d'une pensée chimérique même s' « il est remarquable que l'inconscient d'un homme peut réagir à l'inconscient d'un autre homme », et, plus concrètement, en dépit d'une collaboration parfois très étroite de l'écrivain à l'adaptation.

L'un des grands mérites des adaptations fidèles ou/et intelligentes et de qualité (*Hamlet*, *La Bête humaine*, *Le Rouge et le Noir*, *Le Diable au corps*, *Le Journal d'un curé de campagne*, *Gervaise*, de René Clément, film inspiré du roman d'Emile Zola *L'Assommoir...*) est de permettre au plus grand nombre d'accéder aux chefs-d'œuvre de la littérature, d'autant que de tels films donnent généralement envie aux spectateurs de lire les œuvres originales. Et l'on ne peut que se réjouir, pour le grand bien de tous, que les grands cinéastes (12) aient, de tout temps, été inspirés par les œuvres des grands maîtres de la littérature (Shakespeare, Dumas père, Dickens, Tolstoï, Hugo, Balzac, Pouchkine, Jack London, Zola, Dostoïevski, etc.). Une transposition souffrant d'un excès de libertinage et parfois de contresens peut donner envie de lire le livre : ce fut le cas, par exemple, du film de Roger Vadim, *Les Liaisons dangereuses*, inspiré du roman de Pierre Laclos, roman dont le succès pourtant immédiat et considérable, devint en quelques mois rapidement foudroyant. Mais il arrive aussi que le film soit décevant et donne aucune envie de lire le livre, c'est le cas, par exemple, du film de Jean-Louis Richard, *Le Corps de Diane* (pourtant bien interprété par Jeanne Moreau et Charles Denner), adapté d'un

(12) L'œuvre de Jean DELANNOY, par exemple (surnommé « le plus littéraire des metteurs en scène ») s'est souvent inspirée de celles des grands écrivains classiques et modernes : *La Princesse de Clèves*, de Mme de LA FAYETTE, *Notre-Dame de Paris*, de Victor HUGO, *L'Eternel Retour*, de COCTEAU, *La Symphonie pastorale*, de GIDE, etc.

George CUKOR adapta avec fidélité à l'écran de nombreux romans de DICKENS, SHAKESPEARE et d'Alexandre DUMAS fils *(Roméo et Juliette, David Copperfield, Les Quatre Filles du Dr Marsh, La Dame aux Camélias...)*.

William DIETERLE fut également un spécialiste des adaptations d'œuvres littéraires *(Le Songe d'une nuit d'été*, en collaboration avec Max REINHARDT, par exemple).

L'œuvre de Dostoïevski a inspiré de nombreux artistes, des cinéastes en particulier *(L'Idiot*, d'Ivan Pyriev : le rôle du prince Mychkine est joué par Youri Yakovlev et celui de Rogojine par L. Parkhomienko).

beau roman de François Nourissier). L'écueil, c'est que si de telles adaptations ne donnent pas au spectateur la curiosité de se reporter à l'œuvre, celui-ci n'aura nullement enrichi ses connaissances littéraires : il risque au contraire de rester sur une impression totalement fausse.

BIBLIOGRAPHIE

ALAIN, *Propos sur l'esthétique*, PUF, 1991.
AMENGUAL (B.), *Clés pour le cinéma*, coll., « Clefs », Ed. Seghers, 1977.
BOUSSINOT (R.), *L'encyclopédie du cinéma*, 2 vol., Ed. Bordas, 1989.
BETTON (G.), *Histoire du cinéma*, coll. « Que sais-je », n° 81, PUF, 1991, 3e éd.
CAILLOIS (R.), *Esthétique généralisée*, Ed. Gallimard, 1971.
DHOTE (de), *Cinéma et psychanalyse* (CinémAction), Ed. du Cerf, 1989.
DURAND (P.), *Mise en scène et imagination*, Ed. Techniques Européennes, 1975.
DURAND (p.), *L'acteur et la caméra*, Ed. Techniques Européennes, 1975.
EISENSTEIN (S. M.), *Cinématisme - peinture et cinéma*, Ed. Complexe, diff. PUF, 1980.
FRANCÈS (R.), *Psychologie de l'esthétique*, PUF, 1968.
— *Psychologie de l'art et de l'esthétique*, PUF, 1979.
FUZELLIER (E.), *Cinéma et littérature*, coll. « 7e Art », Ed. du Cerf, 1964.
HENNEBELLE (G.) et VIMAUX (A. et O.), *Les grandes écoles esthétiques* (CinémAction n° 55), Ed. du Cerf, 1990.
HUISMAN (D.), *L'esthétique*, coll. « Que sais-je ? », n° 635, PUF, 1992.
KEYSER (E. de), *Art et mesure de l'espace*, coll. « Psychologie et Sciences humaines », Ed. Ch. Dessart, 1970.
MAGNY (J.), *Les théories du cinéma* (CinémAction n° 20), Ed. du Cerf, 1988.
MARTIN (M.), *Le langage cinématographique*, Les Editeurs Français Réunis, 1977.
MAZEAU (J.), *Les grands acteurs français contemporains*, coll. « Que sais-je ? », n° 887, PUF, 1984.
MITRY (J.), *Esthétique et psychologie du cinéma*, Ed. Universitaires, 1973.
Vol. I : *Les structures.*
Vol. II : *Les formes.*
WEBER (J.-P.), *La psychologie de l'art*, PUF, 1972.
Surréalisme et cinéma (ouvrages collectifs publiés par M.-J. MINARD, coll. « Etudes cinématographiques »), 1965.
Vol. I (n° 38-39) : *D'un langage à l'autre : l'expérience surréaliste.*
Vol. II (n° 40-42) : *Développement et influences.*
Cinéma et peinture. Approches (coll. « Ecritures et arts contemporains »), sous la direction de Raymond Bellour, PUF, 1990.
Cinéma et science, in *Impact Science et société*, n° 144, 1986, p. 441.
Photo-Ciné-Revue (avril 1971), « Théâtre et Cinéma », par J.-E. FOVEZ, p. 184 à 190.
Le Courrier de l'Unesco :
Numéro spécial : *Le cinéma* (septembre 1951).
Théâtres du monde (avril 1983).
Eternel cinéma (août 1984).
La beauté (décembre 1990).

TABLE DES MATIÈRES

Imprimé en France
Imprimerie des Presses Universitaires de France
73, avenue Ronsard, 41100 Vendôme
Novembre 1994 — N° 39 712